결혼보다 시코쿠

결혼보다 시코쿠

김환·김자람 지음

일본 소도시에서

조금

살아보는 즐거움

차례 Contents

책이나 글 따위에서 벌여 적어 놓은 항목.

프롤로그
: 우리가 여행을 시작한 이유_자람 · 7

출발
1. 공항이 여행자들을 반긴다는 건 어쩌면 우리의 착각일 수도 있다_자람 · 11

시작
2. 그곳엔 자전거가 있었다_환 · 21
3. 그곳엔 각자의 아침이 있었다_자람 · 29

도전
4. 오늘의 최종 스코어는 1:1입니다_자람 · 38
5. 파워 J도 무계획 여행이 가능합니다_환 · 48

회상
6. 연애 2회차, 전설 속의 인물을 소환하다_자람 · 59
7. 오토바이 타는 여자 그리고 뒤에 탄 남자_환 · 68

변화
8. 식습관이 달라도 식탁은 하나다_환 · 73
9. 중2병보다 무서운 마흔병에 걸리다_자람 · 77

발견
10. 너는 내 취향 저격_자람 · 84

선택
11. 1일 1우동 가능 vs 불가능_환 · 94
12. 요가 vs 웨이트 트레이닝_자람 · 103

위기
13. 우린 지금 체크인과 체크아웃의 굴레에 빠졌어_자람 · 113
14. 우린 결혼식 대신 여행을 선택한 거잖아_환 · 121

반전
15. 우리가 함께 보았던 별 중 가장 빛났던 오늘_환 · 130
16. 우리가 함께 달린 10만km 중 가장 아름다웠던 오늘_자람 · 136

쉼표
17. 나는 센이고 너는 가오나시야_자람 · 148

갈등
18. 침묵의 대가를 치르게 해 주세요_환 · 154
19. 우리에게도 고양이를 처방해 주세요_자람 · 160

제자리
20. 이 성을 내려가면 내 편이 기다리고 있다_환 · 172

에필로그
: 시코쿠 그 이후_자람 · 179
부록 · 185

프롤로그 Prologue

연극, 책, 영화 따위의 도입부.

우리가
여행을 시작한 이유

자람

　　스카이스캐너에서 도착지 '어디든지'를 찍고 최저가 항공편을 검색한다. 인천에서 1시간 45분, 선택지 중 가장 짧은 노선을 고른다. 꽤 빠르고 단순하게 우리가 2주살이 할 도시를 골랐다.

　　나이가 들수록 비행시간은 짧은 게 좋고 나이에 상관없이 항공료는 최저가가 최고지! 이럴 때만큼은 죽이 척척 맞는 우리는 이제 갓 마흔이 된 연애 11년 차 고인물이다. 어느덧 두 자리가 되어 버린 연애 햇수 뒤에는 언제나 꼬리표처럼 "결혼은 안 해?"라는 질문이 따라온다. 10년 넘게 받아 온 질문이지만 아직도 명료한 대답을 찾지 못했다. 한때는 우리가 결혼을 언제 할지가 친구들 사이에서 나름 중요한 이슈로 분류되었다. 우리는 언제나 누군가의 다음 차례가 될 수 있었기 때문이다. 하지만 이젠 묻는 사람에게도 답하는 사람에게도 진부한 화제가 되었다. 우리가 타이밍을 놓친 걸까? 아니면 아직

오지 않은 걸까?

    8년 전쯤 환이가 집에 데려다주는 차 안에서 처음 결혼 얘기를 꺼냈을 때 나는 "마흔에 하자."는 대답으로 거절과 프러포즈를 반반씩 했다. (어쨌든 하자는 거니까 반반인 걸로) 환이는 설마 하는 표정으로 왜 마흔인지 이유나 들어 보자고 했다. 솔직히 이유가 없었기 때문에 나는 "마흔 멋있으니까!"라는 아무 말 대잔치를 했다. 환이는 고개를 끄덕거렸다. 좌우가 아닌 정확히 위아래로 끄덕였다. 뭐지 이 말이 먹힌다고? 그렇게 우리가 결혼에 대해 나누었던 첫 대화는 덜덜거리는 경유차의 소음 속에 묻혀 잊힌 듯했지만 그것은 마치 종말 예언처럼 둘의 뇌리에 깊게 박혔고 이제는 그 예언의 날이 바로 코앞으로 다가왔다.

    "이제 마흔인데 올해는 뭔가를 해야 하지 않을까?"
    "그치 뭔가 하긴 해야겠지…?"

    그 '뭔가'가 결혼식인지, 혼인신고인지, 같이 사는 건지 여전히 혼란스럽다. 생각해 보면 우리는 11년이라는 연애 기간 동안 끊임없이 우리만의 '뭔가'를 찾아 헤맸다. 연애의 결실을 결혼으로 마무리 짓는 건 왠지 우리만의 방식이 아닌 것 같다는 생각이 들었기 때문이다.

그럼 결혼식은 안 하고 혼인신고만 할까?
그래도 기념사진은 한 방 찍어야 하지 않겠어?
요즘은 결혼해도 혼인신고는 바로 안 하던데?
근데 꼭 한집에 같이 살아야만 부부인가?

그 '뭔가'라는 것의 실체를 밝히려 할수록 점점 물음표만 늘어 갔다. 하지만 이제 우리만의 방식이 무엇인지 정답은 아니더라도 가장 가까운 답을 내릴 때가 왔다. 8년 전에 환이를 납득시킨 '멋진 마흔'이 되어 버린 우리는 '여행'으로 11년간의 장기 연애에 안부를 묻고, 기록으로 "결혼 안 해?"라는 질문에 답안지를 작성해 보려 한다. 그 시작은 시코쿠 2주 여행이다. 2주살이, 한달살이, 1년살이 하다 보면 우리도 결혼생활 그 비슷한 걸 하고 있을 것이고 부부 그 비슷한 게 되어 있지 않을까? 여전히 아리송하지만 여행이 끝날 때쯤엔 선명해진 '뭔가'를 기대하며 우리의 첫 번째 출입국 기록을 공개해 보겠다.

출발 出發

목적지를 향하여 나아감, 또는 어떤 일을 시작함.

공항이 여행자들을 반긴다는 건 어쩌면 우리의 착각일 수도 있다

자람

1

 6시 반, 이른 아침부터 부지런을 떨었지만 우리가 공항 주차장에 도착해서 가장 먼저 본 단어는 '만차'였다. 이 단어가 내뿜은 빨간 불빛은 비상을 외치고 있었다. 인천공항 제1터미널 안은 예상했던 것보다 훨씬 많은 인파로 붐볐다. 생각보다 빠르게 찾아온 변수에 환이의 관자놀이에는 벌써 땀이 맺혔다. 이럴 땐 내가 움직여야 한다. 환이에게 환전을 맡기고 나는 체크인 줄을 찾아 나섰다. 일단 에어서울 체크인 창구의 가장 긴 꼬리 뒤에 서긴 했는데 아무리 고개를 빼고 봐도 선두가 보이지 않았다. '제발 이 줄은 아니길…' 속으로 빌며 직원에게 다가가 물었다.

 "다카마쓰 가는 줄이 여기 맞아요?"
 "다카마쓰는 저기 어르신들 보이시죠? 거기에 서시면 됩니다."

다행히 처음에 내가 섰던 곳은 세계에서 가장 바쁜 노선 중 하나인 도쿄 나리타행 대기열이었고 우리가 탈 다카마쓰행은 맨 끝 쪽 창구에 어르신들 몇 분만이 옹기종기 모여 있는 비교적 한산한 줄이었다. 딱 우리 부모님 나이대의 분들이 계셨다.

"여기서 우리가 막내인 것 같아. 그치?"

환이도 그제야 주변을 둘러보더니 내 말에 어색한 미소를 지어 보였다. 항공기 탑승 후 좌석을 찾기 위해 어르신들 사이를 지나갈 때에도 다카마쓰공항에 도착해서 입국심사 대기를 할 때에도 같은 광경이었다. 목적지에 점점 가까워질수록 처음 가졌던 기대감이 조금씩 줄어들어 갔다. '다카마쓰는 나중에 엄마랑 올 걸 그랬나?'라는 생각이 들었다. "다카마쓰는 2박 3일 일정으로 우동만 먹고 오면 충분해요."라는 블로그의 글도 떠올랐다. 이전 여행들과는 다르게 텅 빈 계획표를 보니 마음도 싱숭생숭해졌다.

'우리, 잘 선택한 거겠지?'

환이와 나는 말없이 서로를 바라보았다.

시코쿠 지도

　일본을 구성하는 4개의 섬 중 가장 작은 섬인 '시코쿠' 그리고 이 시코쿠에서 가장 작은 현인 가가와현의 대표 도시 '다카마쓰' 이곳이 바로 우리 여행의 첫 목적지이다.

　일본 지명은 늘 그렇듯이 어디서 들어 본 것 같기도 하고 아닌 것 같기도 하다. 나는 여행을 다녀온 후에도 몇 번이나 우리가 여행했던 곳인 다카마쓰와 마쓰야마를 섞어서 다카야마(소름 돋는 건 실제로 있는 지명이라는 사실)에 다녀왔다고 말한 적이 있다.

아르헨티나, 인도, 멕시코… 말만 들어도 다이내믹한 여행 장면이 파노라마처럼 머릿속에 그려지는 쟁쟁한 후보들을 제치고 이름조차 입에 잘 안 붙는 여행지가 끌린 건 왜일까? 익숙한 일본, 그러나 낯선 소도시. 그 묘한 조합이 편안하면서도 어딘가 모르게 거리감이 느껴지는 우리 사이와 닮아서 그랬던 걸까? 이런 본능적인 끌림에 현실적인 이유들 몇 가지(비행시간, 예산 등)가 추진력을 더해주니 목적지 선택은 의외로 쉬웠다.

최근 한국의 저가 항공사들은 아직 알려지지 않은 여행지를 발굴하고 직항 노선을 만들어 적극적인 관광 프로모션까지 나선다. 일본의 소도시는 신규 발굴 실패의 부담이 적고 평균 이상의 만족도를 보장하니 여러 항공사에서 앞다투어 취항을 하는 추세이다.

우리가 시코쿠 지역에서 거점으로 삼은 '다카마쓰'와 '마쓰야마'가 딱 그런 소도시 여행지이다. 다카마쓰는 에어서울, 마쓰야마는 제주항공이 이 작지만 소중한 도시를 발견하고 우리에게 직항이라는 꿀 같은 선물을 주었다. 항공사에서 제공하는 쿠폰북을 활용하면 괜히 이득 보고 여행을 한 기분까지 드니 여행자들은 시코쿠의 두 도시가 주는 매력을 그냥 지나칠 수 없다. 가성비는 말할 것도 없고 아직은 입에 짝 붙지 않는 지명이 주는 유니크함까지 더해져 꽤 괜찮은 선택이라는 생각이 들었다.

이런 신규 취항 소도시들은 대개 초반에는 정보를 빠르게 접하는 MZ 세대들에게 인기를 끌다가 돈 냄새를 맡은 여행사들이 몰려들어 대중적인 패키지 상품들이 생겨나면서 가족여행이나 효도 여행으로 점차 변해 가는데 다카마쓰는 이제 후자로 접어드는 곳이고 마쓰야마는 아직 전자의 과정 중에 있는 여행지라고 할 수 있다.

우리는 어중간한 세대답게 이 두 도시를 거점으로 시코쿠 지방을 여행하기로, 아니 여기서 2주 동안 살아 보기로 했다.

출발 전까지 굉장히 합리적인 결정이라고 생각했던 다마카쓰 2주살이에 대한 자신감이 도착 후에 조금 꺾인 건 사실이지만 이곳에 스며들어 보자는 의지만큼은 여전히 굳건했다. 하지만 수화물 픽업대에서 작은 캐리어 하나만 가볍게 들고 나가는 사람들을 보니 28인치 캐리어에 배낭을 메고 보조가방까지 어깨에 두른 우리의 모습이 서서히 이상해 보이기 시작했다.

"Two weeks?"

입국장을 빠져나가기 전 세관 직원이 우리에게 간단한 질문을 하였다. 질문과 대답 사이에서 기억이 나는 건 2주라는 체류 기간을 듣고 그가 크게 한 번 놀랐다는 것과 가족이 아니라 친구라는 우리의 관계에 애매한 의심의 눈길을 보냈다는 것이다. 그리고 그는 매우 정중하고 조심스럽게 우리에게 가방 엑스레이 검사를 해도 되느냐고 물었고, 그걸로는 부족했는지 안에 들어가서 가방을 좀 볼 수 있겠냐는 명령을 마치 제안처럼 했다. 마침 자극이 필요하던 찰나에 이런 관심이 오히려 반가웠던 걸까? 나는 태연한 척 웃으며 "하이(네)!"라고 답했다. 어느새 세 명의 직원이 우리를 포위와 보호 그 중간쯤의 간격으로 둘러싸 검사실로 안내했다.

"세관 검사가 처음입니까? 형식적인 것이니 긴장하지 말고 편하게 하십시오."

그중 한 명의 조사관이 부드러운 목소리와는 상반된 딱딱한 한국말을 구사하며 당황한 우리를 진정시키려고 하였다. 그나마 위로가 된 건 일본어가 아니라 한국어가 들려왔다는 것이었다.

차원이 다른 몸수색에서 환이의 주머니에 작게 뭉쳐져 있던 포장용 은박지가 발견되었고 마치 위험한 무엇이라도 발견한 듯한 직원의 손짓에 환이는 "초코레뜨, 초코레뜨."를 반복하였다.

그리고 19.5kg의 위엄을 뽐내며 조사실에 들어온 나의 캐리어는 그곳에서만큼은 산타의 빨간 선물 보따리보다 더 열어 보고 싶은 대상으로 추앙받았고 뉴스에서 범죄자들의 범행 도구나 범행 증거물을 펼쳐 놓는 초록색 두루마리 위에 하나하나 깔리는 영광을 얻었다. 형식적인 검사라고 하기에 직원들의 손끝은 예민했다. 뒤에서 펼쳐지는 살벌한 상황과는 반대로 한국어를 구사하는 능력자 조사관님은 우리에게 끊임없이 스몰토크를 시도하며 시선을 본인 쪽으로 유도했고 우리는 서서히 그분이 주도하는 대화에 말려들어 갔다. 그는 우리가 조사 대상으로 선택된 건 '랜도무(랜덤)'라고 했다. 나는 속으로 '그럼 그렇지!'를 외치며 안도의 한숨을 내쉰 뒤 우동과 판다 이야기를 꺼내 한일 공감대를 이어 나갔다. 하지만 환이와 나는 각자 다른 이유로 대화 도중에 틈틈이 가방 검사 현장을 주시하며 피검사자의 본분을 완전히 잊지는 않았다. 특히 환이는 가져와서는 안 될 거라도 챙긴 사람처럼 몇 차례 대화 흐름을 놓치면서까지 그곳으로부터 시선을 거두지 시선을 거두지 못했다.

시코쿠에 오기 바로 직전에 우리는 추석 연휴를 맞이해 보홀 여행을 다녀왔다. 환이 인생에서 처음 휴양지로 떠나는 여행이었기 때문에 우리는 가기 전 프리다이빙 강습까지 받으며 물놀이 준비를 제대로 하였다. 바다거북이와 고래상어를 보기 위해 프라이빗 투어도 미리 예약하였다. 현지에서 단체 투어를 쉽게 알아볼 수 있지만 환이는 안전을 위해 한국인이 운영하는 투어사를 고집하였다. 하지만 더 이상 준비할 게 없을 정도로 완벽하다고 생각했던 보홀 여행은 출발 당일 아침에 완전히 무너졌다.

"이렇게 안내드리기 죄송하지만 13일부터 바다로 나가는 투어는 모두 취소입니다."

보홀이 태풍의 영향권에 접어들어 모든 해상 투어가 전면 취소되었다는 투어사의 메시지가 도착한 것이다. 우리가 있는 3일간은 모두 취소였다. 완벽한 계획과 준비도 불가항력 앞에서는 모두 부질없었다. 우리는 에메랄드빛 해변에서 형형색색의 열대어와 함께 헤엄치며 아름다운 자연에 감탄하는 대신에 보홀 강남 마트에서 산 신라면과 썬칩을 먹으며 한국에서 사 먹은 것과 맛이 똑같다는 사실에 감탄하였다. 환이의 첫 휴양지 여행은 그렇게 끝이 났다. 이런 일이 생길 때마다 환이는 자신의 불운을 탓한다. 이번에도 환이는 자신에게 드리운 불운의 그림자를 느낀 걸까? 가방을 바라보는 환이의 동공은 태풍에 흔들리던 보홀의 야자수 같았다.

세관 직원들은 마지막까지 친절함을 잃지 않았지만 우리는 약속한 듯이 걸음을 재촉하여 출국장을 빠져나왔다. 다행히 모든 짐은 제자리를 찾았다.

"누가 우리 가방에 몰래 마약 같은 걸 넣었을 수도 있잖아. 얼마 전에 드라마에서 비슷한 게 나왔단 말이야."

환이는 발갛게 상기된 얼굴로 본인이 긴장을 늦추지 못했던 이유를 토해 냈다. 마약 운반책이라니? 이건 가도 너무 간 거 아니야? 맨날 〈그것이 알고싶다〉나 〈궁금한 이야기 Y〉만 보니까 그런 생각이 들지···. 나는 사건 사고에 진심인 환이를 앞에 두고 꺼내 놓은 짐을 원래대로 정리해 주는지 감시하고 있었다는 말은 차마 하지 못했다.

그렇게 거를 것이 아무것도 없는 순한 맛이라고 생각한 이 여행

은 공항에서부터 제대로 매운맛을 보여 주며 방심한 여행자들을 반겨… 아니 혼내 주었다.

공항이 여행자들을 반긴다는 건 어쩌면 우리의 착각일 수도 있다

시작 始作

어떤 일이나 행동의 처음 단계를 이루거나 그렇게 하게 함. 또는 그 단계.

그곳엔
자전거가 있었다

환

2

  자람이가 공항 구석에 비치된 여행 정보 팸플릿 쪽으로 성큼성큼 다가갔다. 도움이 될 만한 팸플릿을 대여섯 개쯤 고르더니 만족스러운 얼굴로 내게 돌아왔다. 나도 팸플릿을 못 본 건 아니다. 여행에 도움이 될까, 한국어로 된 건 없겠지 등을 고민하던 순간 자람이가 먼저 움직였다. 여러 변수를 고려한 다음 천천히 행동하는 신중한(굼뜬) 사람이 나라면 몸이 먼저 나가는 과감한(재빠른) 사람이 자람이다. 둘 다 팸플릿을 지나쳤거나 둘 다 챙기려고 움직였다면 왠지 모르게 손해 보는 느낌이 들었을 것이다. 성향이 같아야 좋다고 느꼈던 20대 시절과는 다르게 이제는 조금 다른 게 오히려 서로를 보완할 수 있다는 생각으로 바뀌었다. 약간의 다름이 2주간의 장기 여행을 풍부하게 해 줄 것이라는 확신을 가지며 공항을 나섰다.
  시내로 이동하는 길의 풍경은 전형적인 일본 시골 마을이었다.

일본식 기와를 위에 얹은 양옥 구조의 2층 주택이 줄지어 있었고 그 주변엔 논과 밭이 펼쳐져 있었다. 30년 전 개발이 시작되지 않았던 외할머니 집에 가는 길이 떠올라 잠시 추억 여행을 했다. 그만큼 익숙한 풍경이 긴 시간 동안 이어졌다. 다카마쓰에 점점 빠져들고 있던 그때 우리가 전날 나눴던 대화가 떠올랐다.

"다카마쓰공항에 우동 수도꼭지가 있어. 우동 국물이 수도꼭지에서 나온다니까. 신기하지? 꼭 마셔야 하니까 기억해 줘."

기억하지 못했다. 첫 미션을 놓쳐 버려 자책하는 나와 어쩔 수 없다며 웃어넘기는 자람이는 서로 다른 표정을 하며 창밖을 바라봤다. 다카마쓰 교통의 중심지인 가와라마치역에서 첫 번째 숙소까지는 열차로 7분 도보로 5분, 총 12분이 걸렸다. 마쓰시마-니초메역에서 내려 철도를 따라 걷다 골목으로 꺾어 들어간 순간 일본 2주살이를 시작했다는 게 느껴졌다. 푸른 하늘, 깨끗하게 청소된 한적한 골목, 옆을 스쳐 지나가는 자전거 바퀴 굴러가는 소리, 멀리서 다가오는 노면 열차의 경적소리까지 아름다운 선율로 들렸다.

우리는 이번 여행 대부분을 에어비앤비에서 지내기로 했다. 답답한 호텔에서 벗어나 실제 일본 집에 살아 보고 싶었다. 대도시가 아니라서 그런지 선택지는 많지 않았다. 어렵게 고른 숙소라 도착하기 전까지 불안했다. 집주인이 친절한지, 화장실은 깨끗한지, 침대는 푹신한지, 벌레는 없는지. 걱정 인형이 내 옆에 착 달라붙어 있었다. 골목 한가운데 위치한 정갈한 2층짜리 일본식 다다미 주택이 우리가 예약한 숙소라는 걸 확인하고 나서야 안도의 한숨을 쉬며 서로를 쳐다봤다. '오! 괜찮은 것 같은데.'라는 우리만의 눈빛 사인을 주고받으며 집 안으로 들어갔다. 미리 도착해 있던 호스트가 집 소개를 마치고 떠나며 "입구에 있는 자전거 두 대는 숙소를 이용하는 동안 마음껏 쓰세요."라는 말을 남겼다. 순간 땀이 삐질삐질 났다.

"아! 왜 하필 여기에 자전거가?"

나는 어린 시절 집에 있는 걸 좋아했다. 밖에 잘 나가질 않다 보니 자전거를 타고 싶다는 생각을 하지 않았다. 자전거가 없어서 못 타게 된 건지, 자전거를 못 타서 없는 건지 이제는 기억도 나지 않는다. 어쨌든 자전거는 내 인생에 알레르기 같은 존재다. 누군가 자전거를 타자고 하면 어떻게든 그 자리를 피했다. 자람이는 이 사실을 오래전부터 알고 있었다. 이야기는 20년을 거슬러 간다. 11년 차 커플로 소개했지만 진짜 첫 만남은 2005년 가을이었다. 지금은 없어진 종로2가 시네코아극장 건너편 카페에서 만났다. 알록달록한 색상의 직물 소파에 널찍한 테이블이 있고 최신 발라드 노래가 흘러나오는 카페였다. 창가에 자리 잡은 스물한 살의 우리는 간신히 대화의 끈을 이어 나가고 있었다. 카페 건너편에 보이는 영화 포스터 간판을 대화 주제로 삼을 수 있었던 건 참 다행이었다. 3개쯤 있던 간판의 영화 이야기를 모두 끝내니 조금은 편한 사이가 됐던 것 같다. 내친김에 서로의 MP3 플레이어 안에 담겨 있는 노래 리스트까지 공유하면서 좁혀질 것 같지 않던 거리가 조금씩 가까워지기 시작했다. 이때도 대화 도중 '나들이', '공원' 등 자전거와 연관성 있는 단어가 나오지 않길 바랐다. 자전거가 수면 위로 올라온 건 이듬해인 2006년 어느 봄날이었다.

"날씨도 좋은데 한강 가서 자전거 타자!"

올 게 왔다 싶었다. 솔직함이 유일한 자산이었던 20대 초반이지만 자전거를 못 탄다고 말할 용기는 없었나 보다. 결국 한강에 도착해서야 뒤늦은 고백을 했다. 자전거를 못 탄다고. 안 타 봤다고. 아니, 잘 탈 수 있을지 모르겠다고. 정확하진 않지만 구질구질한 이유를 덧붙였을 게 분명하다. 자람이는 내 기분을 생각해서인지 아니면 크게 개의치 않은 건지 모르겠지만 당시에도 대수롭지 않다는 표정이었다. '그럴 수도 있지'라는 쿨한 반응을 보이며 2인용 자전거를 제안했다. 나는 뒤에 탔다. '저기 봐! 남자가 뒤에 타서 바퀴만 굴리네'라고 말하는 사람은 없었다. 그렇지만 한강에 있는 모두가 나를 쳐다보고 수군대는 것만 같았다. 시트콤의 한 장면 같았던 그날 이후 자전거를 못 탄다는 건 한동안 우리 둘만이 공유한 작은 비밀이었다. 이제는 개그 소재로 활용될 만큼 별일 아닌 일이 됐지만 자전거 데이트가 불가능하다는 건 말하지 않아도 알고 있었다.

  20대 초반이었기에 자전거 못 타는 남자에게 실망할 법도 했다. 그런데 자람이는 내색 한 번 하지 않았다. 자람이의 배려가 없었다면 우리의 인연은 그날 끝났을 수도 있었다. 그리고 난 자전거를 평생 쳐다보지 않았겠지. 그랬던 자전거가 오랜만에 내 눈앞에 찾아왔다. 이번에는 꼭 타야만 할 것 같았다. 자전거를 타기만 한다면 여행의 질이 달라질 거라는 확신이 생겼다. 자람이는 "같이 걸어 다니면 되지."라고 했지만 귀에 들어오지 않았다. 이번엔 꼭 20년 묵은 '자전거 못 타는 남자' 이미지를 부수고 싶었다. 다카마쓰는 작은 도시라서 그런지 차보다 자전거가 더 많았다. 도쿄였다면 복잡하다는 핑계라도 댈 수 있었을 텐데 그러지 못했다. 그동안 자전거 타기에 도전을 안 했던 건 아니다. 2020년 인천 문학경기장 공터에서 자람이와 함께 연습했던 적이 있다. 1시간 정도 땀을 뻘뻘 흘리며 연습한 끝에 10초 정도 직진한 게 내 인생 유일한 자전거였다. 당시 영상을 유튜브에 올려 큰 응원을 받기도 했다. 자전거를 배우기 위해 영상을 검색한 50~60대 어머니들의 응원 댓글이 꽤 달렸다. 용기 있는 청년(?)이라는 말이 가장 기억에 남는다. 그러나 그 용기가 다시 사용될 일은 한동안 없었다.

자전거를 두 다리 사이에 놓았다. 크게 숨을 들이마신 다음 페달을 밟았다. 5m 정도 간 다음에 기우뚱하며 중심이 무너졌다. 이번에도 안 되나 싶어 실망을 넘어 화가 나기 시작했다. 계속해서 자전거 위에 올랐다 떨어지기를 반복했다. 나이 마흔에 다카마쓰라는 도시의 한 골목에서 자전거와 씨름하고 있다니. 그러나 창피할 겨를이 없었다. 자람이는 자전거를 상대로 승리하려고 낑낑대는 내 모습을 멀리서 지켜봤다. 가끔 "할 수 있다!"며 응원했지만 자세한 설명을 덧붙이진 않았다. 말해도 나아질 게 없다고 판단했을 수도 있고 훈수를 두면 둘수록 자신감이 떨어질 것이라고 생각했을 수도 있다. 이때 2020년 문학경기장 앞에서 만난 일곱 살 남짓의 꼬마아이가 내게 해 준 조언이 떠올랐다.

"저도 처음엔 못 탔어요. 근데 에라 모르겠다 하면서 페달을 돌리니까 앞으로 가고 있었어요."

에라 모르겠다! 넘어지든 말든 계속 굴렸다. 그전까지는 넘어지는 게 두려워 다리를 빠르게 땅에 내려 버렸다면 이번엔 그러지 않았다. 어떻게든 자전거 위에서 버텼다. 그러자 비틀비틀 앞으로 가기 시작했다. 그 결과 5m는 10m가 됐고 10m는 20m가 됐다. 20년 전 자람이와의 첫 만남에서 겨우 대화를 이어 가는 어설픈 내 모습처럼 나는 자전거와 40년 가까이 끊어진 인연을 어떻게든 이어 붙이려고 안간힘을 쓰고 있었다. 비로소 일곱 살 아이의 조언이 어떤 의미인지도 어렴풋이 알게 됐다. 자람이도 "오!"라고 짧은 감탄사를 내뱉었다. 이제는 함께 자전거를 탈 수 있다고, 더 이상 등 뒤에 탄 무거운 짐이 되진 않겠다고 외치고 싶었지만 실제로 그럴 만한 마음의 여유는 없었다. 자람이는 이 정도면 충분하다고 했지만 나는 내가 진짜 자전거를 타는 사람이 됐는지 확신할 수 없어 괜히 약한 소리를 했다.

"겨우 이 정도 실력으로 자전거 여행을 할 수 있을까? 더 잘 타야 될 것 같은데."

말은 저렇게 했지만 20년 전 나를 이겨 냈다는 사실에 입꼬리가 서서히 올라가고 있었다. 그리고 자람이는 20년을 묵묵히 기다린 끝에 자전거 탈 줄 아는 남자와 함께하게 됐다.

그곳엔 각자의 아침이 있었다

자람

3

'미닫이문을 열고 나가면 나무 계단이 있다. 이거 쉽지 않겠는데?'

2층에 올려 둔 가방에서 짐을 꺼내기 위해 몇 번 나무 계단을 오르내리더니 복층 집에 살면 살이 빠지겠다며 볼멘소리를 하는 환이를 앞에 두고 나는 잠시 딴생각을 하였다.

우리의 첫 해외여행은 2015년도에 떠났던 후쿠오카 여행이었다. 나는 그 여행에서 환이가 깨우지 않으면 일어나지 않는 사람이란 걸 처음 알았다. 주로 새벽에 해외 축구 해설을 하는 환이는 기상과 취침 시간이 들쭉날쭉하여 신체리듬보다는 알람에 의존하여 일어나는 편이었다. 여행 중에도 알람이 울리지 않거나 누가 깨우지 않으면 스스로 깨는 일이 없었다. 반면에 나는 수년 동안 매일 아침 6시에 일어나 인천에서 서울까지 출근을 반복한 탓에 알람이 없이도 정해진 시간만 되면 저절도 눈이 떠졌다. 여행 기간 동안에도 항상 먼저 잠에서 깼지만 혼자 나가기도, 그렇다고 자고 있는 사람을 깨우기도 애매해 이미 말똥말똥 떠진 눈을 억지로 감으며 시간이 지나가기만을 기다렸다. 이때 환이는 몰랐을 것이다. 서른 살이 되던 해 다시 시작한 우리의 2회차 만남에서 나는 제멋대로였던 20대의 김자람이 아닌 배려 넘치는 30대의 모습을 보여 주고 싶었다는 걸. 그래서 행동 하나하나가 더 조심스러울 수밖에 없었다.

그로부터 2년 후인 2017년 봄, 우리는 도쿄로 두 번째 해외여행을 떠났다. 내가 아침마다 몰래 방을 빠져나온 것도 그때가 시작이었던 것 같다. 우리가 묵은 호스텔의 라운지에는 여행객들을 위한 카페가 있었다. 그날 아침에도 먼저 눈을 떠 환이의 들숨 날숨 소리를 들으며 하루 일정을 머릿속으로 정리하다가 문득 체크인을 하면서 보았던 라운지의 카페가 떠올랐다. 함께 온 여행에서 개인플레이를 하는 것이 약간 꺼림직했지만 숙소를 완전히 이탈하는 것도 아니니 이 정도는 괜찮지 않을까란 생각이 들었다. 이날 호스텔 카페에서 여유롭게 모닝커피를 마신 것이 각자의 아침의 시작이었다. 그리고 환이가 웬만한 인기척에는 절대 깨지 않는다는 사실도 알 수 있었다. 호스텔 안 카페에서부터 시작된 외출은 여행이 거듭되면서 주변 산책, 편의점 방문 등으로 점점 더 과감해졌다.

"그래도 여행인데… 내일 아침에는 나도 일찍 깨워 줘."

　처음에는 환이도 내가 혼자 나가는 것이 내심 서운했는지 아니면 미안했는지 잠들기 전에 내일은 꼭 자기도 깨워 달라는 당부를 했다. 하지만 나는 이후에도 굳이 자고 있는 사람을 깨워서 아침을 일찍 시작하지 않았다. 환이의 소중한 아침잠을 뺏고 싶지 않은 마음과 나만의 얼리 모닝을 즐기고 싶은 마음이 반반이었다. 이후 함께 떠난 방콕에서도 홍콩에서도 하노이에서도 보홀에서도 혼자 보내는 아침 시간은 여행 중 소확행으로 자리 잡았다. 재작년 이스탄불 여행에서 처음으로 1시간이 넘는 아침 외출을 감행했는데 그날은 환이에게 보이스톡이 왔다.

"도대체 어디까지 간 거야? 이러다 집까지 가겠어 아주."

그날은 사실 길을 잃은 거였다. 일명 '고양이의 도시'인 이스탄불에서 가게 앞마다 마스코트처럼 앉아 있는 귀여운 냥이들을 보며 걷다 보니 어느새 낯선 동네에 들어서 있었다. 보이스톡을 받고서야 정신을 차리고 구글맵을 켜서 집으로 돌아가는 길을 찾았다. 조금 삐진 환이에게 널브러져 있는 고양이 사진 몇 장을 보내 주는 것으로 상황을 무마했지만 환이는 유럽은 위험하니 너무 멀리 나가지는 말라는 경고를 남겼다.

그리고 오늘 시코쿠 여행의 첫날 아침이 밝았다. 이제는 수년간의 경험으로 환이가 어느 정도 소음에 뒤척이는지 어떻게 움직이며 움찔하는지는 감으로 알 수 있다. 하지만 미닫이문과 나무 계단이라는 물리적인 장애물은 10년 차 탈출러에게도 쉽지 않은 미션이었다. 다행히 환이는 여행 첫날의 고단함 때문인지 드르륵, 삐거덕거리는 소음에도 쉽게 깨지 않았다. 무사히 1층에 도착하고 보니 이 집의 복층구조가 나쁘지만은 않다는 생각이 들었다.

'가볍게 동네 한 바퀴를 돌고 가까운 마트에서 아침거리를 사

면 1시간 정도 걸리겠다.'

무사히 침실을 빠져나온 후부터 모든 것은 일사천리였다. 마침 미유키의 숙소에는 나의 동선을 넓혀 줄 자전거까지 있다. 이번 여행에서 환이와 함께 자전거를 타고 여유롭게 동네를 둘러볼 수 있을지 모르겠다.

사실 어제 문 앞에 자전거를 보고 나와 환이의 표정은 분명 엇갈렸지만 환이의 표정이 평소와 미세하게 다르다는 걸 눈치챘다. 입버릇처럼 두 바퀴 이동 수단에 대한 불신을 드러내거나 자전거를 못 본 척해야 정상인데 두 대 중에 안장이 더 낮은 자전거를 보며 "한번 타 볼까?"라고 조심스레 묻는 것이었다. 나는 의외의 반응에 속으로 당황했지만 몸이 기억할 거라는 긍정적인 대답을 해 주었다. 환이는 마치 외발자전거를 탄 곡예사 같았다. 몇 미터씩 움직이긴 하지만 그의 골반은 심하게 요동치고 있었다. 나는 환이가 2미터씩 움직일 때마다 "오!" 또는 "오~." 밖에는 외칠 수 없었다.

어제의 여운이 가시지 않은 그 거리를 오늘 아침에는 혼자 달려 보기로 했다. 밤사이 비가 한차례 왔는지 하늘도 맑다. 구글맵에 표시된 목적지도 없고 환이라는 길잡이도 없다. 어제는 미처 발견하지 못한 동네의 풍경들이 눈에 들어온다. 이건 혼자만의 아침이 아니었으면 놓쳤을 풍경들이기에 가던 길을 멈추고 카메라 셔터를 여러 번 눌렀다. 물론 셀카도 잊지 않았다.

    2일간 우리 동네가 될 다카마쓰 마츠후쿠초(마츠시마-니초메)의 대형 마트는 9시에 문을 여는데 마트에서 장을 보고 들어간다면 외출이 꽤 길어질 것 같다. 오늘은 본격적인 여행 첫날인 만큼 환이가 깨어나기 전에 들어가는 것을 목표로 하여 일단 가까운 편의점에 들러 보기로 했다. 편의점 선진국답게 일본의 편의점은 마트만큼 크다. 그 안은 아침거리를 사러 온 사람들로 꽤 붐볐다. 주로 등교하는 아이들이나 출근하는 회사원일 것 같지만 나와 함께 삼각김밥을 고르던 손님들은 모두 나이가 지긋한 어르신들이었다. 역시 초고령 사회! 한때는 '일본 편의점에서 꼭 사야 하는 것' 유의 글들이 인기였던 시절이 있었다. 메모와 저장까지 하면서 일본 여행 to do 리스트의 상단을 차지했었는데 요즘은 우리나라에서도 비슷한 제품들을 쉽게 살 수 있어 그 기대감이 예전만 못한 건 사실이다. 그래도 삼각김밥과 달걀샌드위치만큼은 그냥 지나칠 수 없지! 나는 명란삼각김밥을, 내 옆에 할머니는 매실삼각김밥을 하나씩 집었다. 명란삼각김밥은 자고 있는 환이의 얼굴을 떠올리며 특별히 고른 것이다.

편의점 양대 산맥인 로손(LAWSON)과 훼미리마트(FamilyMart)를 코스처럼 훑고 나니 마트 오픈 시간인 9시가 다 되었다. 이왕 이렇게 된 거 마트까지 가 보자! 결국 처음 다짐은 새까맣게 잊어버렸다. 편의점과 마트 투어를 다 마치고 정신을 차려 보니 집에서 나온 지 2시간이 훌쩍 넘어 버렸다. 등교 부대와 출근 부대가 모두 떠난 거리에서 짐의 무게를 견디지 못하고 자꾸만 한쪽으로 기우는 자전거 바구니가 손을 대신하여 핸들을 움직여 준다. 그만큼 만족스러운 장보기였다. 이제 슬슬 마음이 급해진 나는 페달을 밟아 속도를 냈다. 저 멀리 명란삼각김밥의 주인이 보인다. 환이는 충전이 제대로 되었는지 내가 집 앞에 도착하기도 전에 자전거 소리를 듣고 미리 나와 손을 흔들고 있다. '네가 어딜 가든 내 손바닥 안이지.'라고 말하는 듯한 의기양양한 미소를 띠더니 이내 가득 찬 자전거 바구니를 보고 놀란 표정을 감추지 못한다. 오래된 사이라 해도 방심은 금물. 서로를 다 안다는 착각은 항상 반전을 부르는 법이다. 각자의 아침을 보낸 우리는 공평하게 아점(아침 겸 점심)으로 본격적인 오늘의 일정을 시작한다.

　여행이라고 해서 모든 시간을 함께할 필요는 없다. 우리는 각자의 수면 시간과 기상 시간을 존중하는 선택을 통해 개인의 체력과 여행의 품질이라는 두 가지를 모두 챙겼다. 그리고 아직 시코쿠에서의 열두 번의 아침이 더 남아 있다. 남은 열두 번 모두 각자의 아침이 될지, 둘이 함께가 될지 그건 아직 모르겠다. 각자의 아침도 함께하는 여행도 이제 시작이니까!

도전 挑戰

정면으로 맞서 싸움을 걺. 또는 어려운 상황에 맞섬을 비유적으로 이르는 말.

오늘의 최종 스코어는
1:1입니다

자람

4

  가끔 메인 메뉴보다 더 맛있거나 독특한 비주얼로 시선을 끄는 사이드 메뉴 때문에 유명해진 맛집들이 있는데 다카마쓰가 바로 그런 부류의 여행 맛집이다. 시코쿠의 북동쪽에 위치한 다카마쓰는 세토 내해와 맞닿아 있다. 일본 최대의 내해답게 그 안에는 수많은 섬들이 있으며 지금 우리가 있는 가가와현에는 나오시마, 쇼도시마, 텐시마, 메기지마 등의 섬들이 속해 있다. 이 섬들은 모두 다카마쓰항에서 페리를 타면 1시간 내외로 갈 수 있어 근교 여행지로 인기가 좋다.
  환이는 다카마쓰에 왔으니 말 그대로 '메인 메뉴'인 다카마쓰 우동 투어에 집중을 하겠다는 포부를 밝혔다. 가기 전부터 우리가 우동으로 몇 끼를 먹을 수 있을지, 과연 몇 가지 종류의 우동을 먹어 볼 수 있을지를 기대하며 구글맵을 온통 우동 가게로 도배하였다. 나는 이미 속으로 우동은 하루에 한 끼 이상 힘들다는 결론을 내렸지만 먹방 꿈나무의 열정에 찬물을 끼얹고 싶지는 않았기 때문에 환이의 우동 연설에 그저 파이팅을 외쳐 주었다. 사실 내가 기대한 것은 메인보다는 '사이드 메뉴'였다. 다카마쓰를 깊게 알아볼수록 근교에 있는 섬들이 눈에 더 들어왔다. 시코쿠 여행에서 가가와현과 에히메현의 비중을 6:4로 정한 것도 바로 이 섬들 때문이었다. 심지어 사이드 메뉴가 한 가지가 아니라 여러 개라니 이건 욕심을 부려 볼 만하다는 확신이 들었다.

첫 번째로 선택한 사이드 메뉴는 쇼도시마라는 섬이다. 근교 섬 중에 가장 큰 섬이기도 하고 그만큼 다양한 볼거리들이 있어 세토내해의 섬 중 하나만 간다면 이곳을 선택하는 여행자들이 많다. 내가 꽂힌 건 이 섬의 특산물인 '올리브'였다. 지중해에서나 볼 수 있을 줄 알았던 올리브나무를 일본에서 볼 수 있다니! 도착하자마자 올리브소면을 먹고 올리브 버스를 타고 올리브 정원에 가서 올리브나무를 보고 올리브아이스크림을 먹는, 일명 '올친자(올리브에 미친 자) 코스'로 쇼도시마에서의 일정을 온통 올리브로 범벅했다. 올리브로 만든 특산품도 당연히 한두 개 업어 올 예정이었다. 물론 쇼도시마에는 간조에 의해 하루에 두 번 열리는 바닷길인 엔젤로드라는 곳도 있고, (참고로 연인과 손을 잡고 걸으면 소원이 이루어진다고 해서 커플이 많다고 함) 일본의 3대 계곡 중 하나인 칸카케이 전망대도 있지만 욕심을 버리기로 했다. 여기에는 시코쿠 여행을 우리의 변곡점으로 만들어 보자는 마흔 살의 다짐이 깔려 있었다.

 이번 여행에서 우리는 일상의 루틴을 깨지 않으면서 오히려 지금까지의 여행 패턴을 벗어나 보기로 결심하였다. 그 패턴 중에 하나가 바로 (너무) 많이 계획하고 (너무) 미리 예약하는 것인데, 이번에는 정말 다 내려놓고 일정의 70%는 도착해서 즉흥적으로 결정해 보기로 했다. 그래서 첫 일정인 쇼도시마 올리브라는 콘셉트만 잡아 놓고 아점을 먹으며 느긋하게 있다가 섬으로 들어가는 페리의 출발 시간이 얼마 남지 않았다는 사실을 알고서야 부랴부랴 집을 나서게 되었다.

 "우리가 타는 건 고속페리야?"
 "아… 어어…."

 환이의 자신 없는 대답에는 이유가 있었다. 고속페리가 2배 더 비싸기 때문이다. 아침 일찍 나오지 못한 건 나 때문이고 고속페리를 타면 그만큼 더 빨리 도착하니 오히려 좋다고 말해 주었지만 환이의 눈동자는 이미 본래 기질과 새로운 다짐이 섞여 버린 무질서한 패턴 속에서 갈 길을 잃었다. 2배 비싼 고속페리는 정말 2배 더 빨랐다. 30분 만에 다카마쓰항에서 쇼도시마의 토쇼다항에 도착한 우리는 올리브소면을 먹으러 가기 전에 습관적으로 버스 시간표부터 확인하였다. 우리가 타야 하는 올리브 버스는 올리브 형상을 하고 있거나 올리브를 나눠 주는 그런 스페셜한 버스는 아니고 쇼도시마를 순환하는 일반 버스인데 그저 지역 특산품을 붙여 부르는 것이었다.

"지금이 13시 50분이니까 14시 45분 버스를 타면 딱 맞겠다!"

미리 알아보지 않아도 이렇게 시간이 딱딱 맞아 주니 페리 때문에 주눅 들었던 환이이 어깨도 조금 펴지는 듯했다.

[올리브 버스 시간표]
13 : 30
14 : 10 45(*)
15 : 40

올리브소면을 흡입하고 10분 전에 미리 정류장에 도착하여 대기하고 있었는데 45분이 되어도 버스는 오지 않았다. 다시 한번 버스 시간표를 확인한 환이는 아무래도 시간표가 좀 이상한 것 같다며 올리브색이 된 얼굴로 나를 쳐다보았다. 다시 보니 우리가 기다리는 '45'를 포함한 몇몇 개의 시간대에만 괄호 안에 * 표시가 있었다. 확실히 뭔가 잘못되었음을 감지하고 버스 시간표 하단에 친절하게 쓰인 일본어를 번역해 보니 괄호가 쳐진 시간대의 버스는 상시 운행을 하는 게 아니었다. 괄호 속에 갇힌 시간처럼 우린 정거장에 갇혀 버렸다. 고속페리 왕복권이 문제였다. 현재 시각은 14시 50분, 다음 배차인 15시 40분에 올리브 버스를 타더라도 고속페리의 막차 시간인 17시 10분 전에는 다시 항구로 돌아와야 한다. 이동 시간을 빼면 올리브 정원에서 우리에게 주어진 시간은 단 15분이다.

환이가 고심 끝에 택시를 타고 가자는 차선책을 냈지만 3만 원이 넘는 왕복 택시비를 선뜻 낼 수는 없었다. 가뜩이나 페리값으로 2배를 더 낸 상황에서 '올친자 투어'에 더 이상의 바보 비용은 허락되지 않았다.

잠시 흐르는 정적을 틈타 생각해 보니 일반페리의 막차 시간은 19시 반이었기 때문에 나는 돌아갈 때 고속페리권을 일반페리권으로 교환하거나 고속페리권으로 일반페리를 탈 수 있는지 한번 확인해 보는 건 어떨까라는 꽤 단순한 제안을 했다. 어차피 뒤에는 별다른 일정이 없으니 페리 시간만 조정하면 되는 문제였다. 여기서 우리의 의견이 한 번 갈렸다. 나는 '그 정도는 해 줄 것 같은데?'였고 환이는 '그렇게는 안 해 줄 것 같은데…'였다. 일단 안 되더라도 물어나 보자는 마음으로 나는 고속페리 표를 들고 호기롭게 티켓 창구로 갔다. 이번에는 처음부터 번역 앱을 동원하여 창구 직원에게 사정을 설명하였다. 그랬더니 별다른 말 없이 일판페리권으로 바로 교환을 해 주었다. 심지어 차액은 거슬러 주었다. 완벽한 쿨 거래였다.

[행동파와 고민파의 현재 스코어는 1:0]

　올리브 정원은 기대했던 것보다 훨씬 좋았다. 올리브에 꽂힌 나는 땅에 떨어진 올리브를 몇 개 주워 주머니에 챙겼다. 그리고 드디어 쇼도시마에서 이번 여행의 첫 번째 일몰을 마주하였다. 11월의 일본은 4시 반이면 노을이 지기 시작한다. 자칭 일몰 사냥꾼인 나는 1분 단위로 일몰을 좇았다. 여행이 끝난 후 다시 돌아봐도 이번 여행 최고의 일몰은 바로 그때였다. 해가 저문 뒤의 섬은 불빛을 내는 집이나 가게들이 없어 유독 깜깜했다. 일몰의 잔해는 어둠이었지만 그 잔상은 아름다움뿐이었다. 아쉬움을 뒤로한 채 항구로 돌아가기 위해 다시 애증의 올리브 버스를 탔다. 하지만 일몰의 감격이 채 가시기도 전에 올리브 버스는 다시 한번 우리를 거부했다. 쇼도시마는

큰 섬이라 섬 안에는 3개의 항구가 있는데 이 버스는 우리가 가야 하는 토쇼다항이 아닌 올리브 정원에서 더 가까운 이케다항까지만 가는 버스였다. 여기서 다시 한번 행동파 긍정이가 손을 들었다.

"이 표로 이케다항에서 페리를 탈 수 있는지 한번 물어볼까?"

또다시 고민에 빠진 걱정이는 이번에도 "그건 정말 안 될 거 같은데…?"라고 말했지만 한 번의 성공으로 자신감이 찬 행동파는 다시 한번 긍정 회로를 돌렸다. 하지만 이번에는 창구 직원으로부터 단번에 안 된다는 대답을 들었다.

"무.리.데.쓰."

[행동파와 고민파 최종 스코어 1:1]

"이 페리 움직이는 거 맞지?"

　일반페리는 안에서는 움직임을 감지하기 힘들 만큼 느렸다. 환이는 지금까지 여행에서 길 찾기와 교통 담당으로 쌓아 온 입지가 있던 터라 아마 오늘 일정이 꼬인 걸 속으로 계속 신경 쓰고 있었을 것이다. 우리 안에서 몇 년 동안 견고하게 짜인 패턴을 한순간에 바꾼다는 건 쉽지 않은 일이었다. 나는 일부러 환이가 들을 수 있게 "너무 좋았다", "진짜 좋다"라는 말을 반복하며 주머니에 넣어 온 올리브를 소중히 꺼내어 만족감을 200%로 표현했다. 환이도 무사히 페리에 탄 뒤에는 올리브 버스의 충격에서 벗어났는지 코어의 힘을 다 풀어 버린 채 야돈(참고로 일반페리 중에는 포켓몬 야돈 캐릭터로 꾸며져 있는 페리가 있는데 인기가 좋아 일부러 시간대를 맞춰 타기도 한다)이 그려진 의자와 한 몸이 되었다.

"쇼도시마 어땠어?"

　환이는 아직은 비교군이 없어서 잘 모르겠다는 대답을 했다.

"아니 비교를 해서 순위를 정하라는 게 아니라 그냥 지금의 감정이 어떤지 궁금해서."
"그럼 중간이야."
"왜?"
"페리랑 버스 시간표를 내가 잘못 봤잖아."

그래 내가 졌다. 결국 오늘의 최종 보스는 고민 많은 걱정이가 되었다.

환이에게 쇼도시마는 고속페리와 버스 시간표로 기억될 것이다. 반면 나에게 쇼도시마는 올리브와 일몰로 기억될 것이다. 먼 훗날 쇼도시마를 다시 꺼내어 보았을 때 환이는 어떤 대답을 할까? 그때도 역시 이곳은 '중간'일까? 아침 일찍 일반페리를 타고 시간에 맞춰 올리브 버스를 탔다면 오늘 하루는 좀 더 쉬웠을 테지만 쇼도시마의 일몰을 보지 못하고 돌아왔을 것이다. 여행의 패턴을 깨 보자는 큰 다짐 덕분에 내 인생 최고의 일몰을 우리가 함께 볼 수 있었다.

'나는 그걸로 다 괜찮다. 느리게 가는 페리도 하루 종일 걱정을 하느라 야돈 의자와 하나가 되어 버린 너도.'

파워 J도
무계획 여행이 가능합니다

환

5

 자람이는 나를 '고민이 많은 걱정이'로 소개했지만 다른 말로 표현하면 계획형 인간이다. MBTI에 대문자 J가 들어간다. 특히 여행에 있어서는 플랜 A, 플랜 B에 플랜 C까지도 준비하는 일명 '파워 J'다. 20대 초반 유럽 배낭여행을 떠나면서 27일 치 타임 테이블을 만든 적이 있다. A4 용지에 1시간 단위로 여행 계획을 적어 함께 떠난 동생 2명에게 나눠줬다. 이를 견디지 못한 한 동생은 여행 도중 "계획대로 못 따라다니겠다"며 항의하기도 했다. 아침 식사부터 씻는 시간까지 정해 놨으니 그럴 만도 했다. 시간이 흐르면서 J 성향은 조금씩 줄어들었다. 인생은 계획대로 흘러가지 않는다는 걸 인정하면서부터다. 특히 J 성향임에도 '즉흥'을 한두 스푼 첨가한 자람이와 함께 다니면서 덜 계획적으로 변해 갔다. 여행도 인생과 마찬가지라는 걸 느낀 우리는 이번만큼은 계획을 조금만 세워 보기로 했다. 물론 성

향이라는 건 쉽게 바뀌지 않는다. 여행 2일차인 쇼도시마에서부터 걱정을 한가득 해 버렸으니 말이다.

아무리 J 성향을 내려놓고 다닌다지만 계획표를 짜지 않을 수 없었다. 우리는 2년 전부터 구글시트를 통해 여행 계획을 짠다. 한글 프로그램으로 계획을 짜는 모습을 본 자람이 답답했는지 엑셀 형식의 페이지를 함께 공유하며 수정할 수 있는 사이트를 알려 줬다. '일본여행.hwp' 파일을 애용하던 나로서는 2G에서 5G로 바로 넘어가는 듯한 혁명적인 업그레이드였다. 내가 계획표를 정리하고, 자람이가 돌아온 이후 여행 비용을 추가해 마무리하는 게 루틴이 됐다.

이번 여행을 위해 '2주 일본 살기'라는 탭을 추가했다. 우리는 다짐대로 평소보다 썰렁한 계획표를 가지고 여행을 시작했다. 특히 여행 3일차인 11월 12일은 숙소 이름만 덩그러니 적혀 있었다. 처음에는 아무 생각이 없었지만 3일차가 임박하자 계획표를 채우지 않으면 큰일 날 것만 같은 느낌을 받았다. '계획을 덜 세우자는 계획'은 결국 실패로 돌아가는 걸까.

"내일 뭐 하지? 계획이 없어서."
"천천히 생각해 보자."
"오케이."

나는 지는 느낌이 들어 더 이상 다음 날에 관한 이야기를 꺼내지 않았다. 물론 오래가지는 못했다. 다음 날 일어나자마자 태연한 척도 몰랐다. '계획이 없어도 난 상관없지만 혹시나 해서 물어보는 거야.'라는 심드렁한 표정을 지으며 말을 걸었다.

"오늘 뭐 하지?"
"난 다 상관없어."

자람이는 슬슬 어디론가 떠나야 할 시간이 다가왔는데도 별말이 없었다. 가슴속이 답답한 게 일본 소화제 오타이산을 하나 꺼내 먹고 싶을 정도였다. 계획형 인간에게 계획을 세우지 못하게 했을 때 생기는 일종의 금단 증상 같았다. 결국 나는 계획 없이 다니자는 계획을 깨고 말았다. 다카마쓰에서 할 것들을 정리한 키워드 중 후순위로 미뤄 둔 오기지마와 구라시키를 서둘러 제안했다. 오기지마는 다카마쓰에서 배 타고 갈 수 있는 많은 섬 중 하나다. 많은 고양이들과 식당 서너 개가 전부인 곳이라 '고양이 섬'이라는 애칭으로 불린다. 조용히 쉴 수는 있지만 3시간 이상 머물 만한 특별한 곳은 아니다. 구라시키는 시코쿠 지방에서 기차로 바다를 건너야 갈 수 있는 도시다. 다카마쓰, 마쓰야마가 시코쿠 지방이라면 구라시키는 주코쿠 지방이다. 시코쿠 여행 콘셉트에 딱 맞는 도시는 아니다. 1시간 20분 정도 이동해야 한다는 부담감도 있었다. 자람이는 여전히 여유로웠다.

"난 둘 다 괜찮아."

자람이는 호불호가 확실한 편이다. 하고 싶은 것과 하고 싶지 않은 게 선명하게 나뉘어 있다. 둘 다 괜찮다고 한 건 정말 괜찮기도 하지만 둘 다 그저 그렇다는 의미이기도 하다. 이제 칼자루는 나에게 왔다. 여기서 가장 큰 문제는 내가 선택을 잘하지 못하는 사람이라는 것이다. 평소에도 최종 선택을 자람이에게 미루는 일이 잦다. 자람이가 결정하는 게 마음이 편하기도 하지만 내가 결정해서 책임지고 싶지 않은 간사한 마음도 들어가 있다. 나도 나름대로 이유는 있다. 치킨을 예로 들면 후라이드는 바삭해서 좋고 양념은 달아서 좋다. 후라이드가 양념보다 6 대 4 정도로 당길 때가 있지만 양념을 먹는다고 해서 실망스럽진 않으니 "다 괜찮다"고 답한다. 치킨을 먹는다는 것 자체만으로도 즐거운 일 아닌가! 오기지마와 구라시키도 내게는 후라이드와 양념 같은 어려운 선택이었다. 그렇다고 치킨처럼 '반반 여행'을 할 순 없었다. 그래서 머리를 굴려 '즉흥'이라는 아이디어를 꺼냈다. 사다리를 타서 여행지를 결정하자고 했다가 거절당한 이후 두 번째 아이디어였다.

  오기지마섬으로 갈 수 있는 항구와 구라시키로 갈 수 있는 JR역은 걸어서 5분 거리로 모두 다카마쓰 북쪽에 있다. 일단 방향이 같으니 걸어가다가 즉흥적으로 가 보자고 했다. 자람이는 이 아이디어를 마음에 들어 했다. 걷다 보니 JR역이 먼저 눈에 들어왔다. 즉흥을 가장한 계획적인 움직임이었을까. 지금도 잘 모르겠다. '기차비가 얼만지나 알아보자'는 명분을 앞세워 JR역으로 향했다. 그 순간에도 내 머릿속에서는 '즉흥'과 '계획'이 뒤섞여 싸우고 있었다. 역무원에게 "구라시키?"라고 하자 우리를 티켓 뽑는 기계로 데려갔다. 역무원이 화면을 무심하게 툭툭 누르더니 신용카드를 넣으라고 했다. 우리는 무언가에 홀린 것처럼 신용카드를 투입했다. 그러자 구라시키 왕복 티켓 2장이 틱 하는 소리와 함께 튀어나왔다. 이때 우리는 서로를 쳐다보며 이렇게 말했다.

"어? 우리 구라시키 가는 거야?"

　가격만 물어보려고 했는데 순식간에 구라시키 왕복 티켓을 손에 쥐어 버린 '계획 없는 여행자'가 돼 버렸다. '이지선다'라는 압박에 걸렸지만 '즉흥'이라는 탈압박 기술을 통해 빠져나와 스스로 '결정'하지 않고도 목적지가 생겨 버렸다. 손 안 대고 코 푼 느낌이라 묘한 쾌감이 느껴졌다. 구라시키가 재밌든 재미없든 누구의 책임도 아니라고 생각하니 마음이 편해졌다. 얼떨결에 플랫폼으로 들어간 우리는 급하게 편의점에서 점심거리를 사서 기차에 올랐다. 나는 이동 시간을 활용해 급하게 구라시키에 대해 벼락치기를 했다. 마치 감독(자람)에게 잘 보이려는 선수(환)처럼 열심히 휴대폰을 터치했다. 쓸 만한 정보가 나오면 바로바로 자람이에게 알려 줬다. 한 손에는 삼각김밥을 들고 다른 한 손으로는 구글맵을 뒤지다 고개를 들어 보니 기차는 어느새 바다 위를 달리고 있었다. 세토 내해가 아름답게 좌우로 펼쳐졌다. 멋진 풍경을 잠시 바라봤지만 이내 다시 시선을 휴대폰으로 고정했다. 아름다운 풍경도 나의 되살아난 J 성향을 이겨 내지 못했다.

　구라시키는 주코쿠 지방 오카야마현의 대표 관광지다. 오사카-고베-구라시키로 이어지는 기차 여행 코스 중 하나다. 특히 전통 건물 보존지구로 선정된 '미관지구'는 한 번쯤 가 볼 만한 가치가 있다. 구라시키강을 따라 고전적인 건축물들이 좌우에 있어 시대를 거

슬러 온 듯한 느낌을 준다. 그래서인지 이국적인 풍경을 좋아하는 외국인 관광객이 많다. 또 걷기 좋은 곳이라 다른 지방에서 수학여행을 온 일본인 학생들이 줄지어 다닌다. 오후 5시가 되자 관광객들이 쭉 빠져나갔다. 해가 뉘엿뉘엿 지면서 물 흐르는 소리와 새소리가 더 선명하게 들렸다. 그제야 미관지구의 진가가 드러나기 시작했다. 우리는 더 아름다워진 미관지구의 깊숙한 곳으로 향했다. 그곳에 있는 야외 카페에서 전문가 느낌이 물씬 풍기는 사장님의 드립커피를 마시며 차분히 하루를 정리했다. 계획 없이 시작한 하루치고는 괜찮았다고.

그런데 여유도 잠시. 버스 시간대를 착각하고 페리 시간까지 바꿔야 했던 어제의 내 모습이 별로라고 생각했기 때문에 오늘은 조금 더 완벽하고 싶었다. 내 손은 다시 바빠졌다. 구글맵은 내게 오후 11시가 넘어도 다카마쓰로 돌아갈 수 있다고 말하고 있지만 나는 '네(구글맵)가 다 알진 않잖아. 틀리면 책임질 거야?'라면서 모든 걸 의심하며 정보를 찾았다. 어제의 내 실수가 만든 피해의식이었다. 내 나름대로 정해 둔 이상적인 기차 탑승 시간은 오후 8시였다. 옆에서 발을 동동 구른 나는 결국 "시간이 촉박해서 일단 뛰어야 할 것 같아."라고 했다. 자람이는 계획형 인간의 촉을 믿어 주며 함께 뛰기 시작했다. 우리에게 충분한 시간이 있었다는 걸 알기까지는 그리 오래 걸리진 않았다. 20~30분마다 이어지는 다카마쓰행 기차는 계속해서 전광판을 통해 안내되고 있었다. 계획형 인간의 자신감은 다시

바닥을 찍고 말았다. 구글맵을 의심한 내 불찰이었다. 자람이는 또 실패한 J형 인간이 용기를 잃지 않도록 자신감을 불어넣었다.

"괜찮아. 빨리 타길 잘했어. 우리 집 앞에 교자 맛집 있잖아. 오늘 거기 들러 보자!"

자신의 실수로 팀이 2연패 수렁에 빠진 운동선수의 마음이 정확히 이랬을까 싶다. 그러면서도 내일부터는 더 꼼꼼하게 조사해서 3연패를 막겠다고 다짐했다. 기차에 올라타고 나서도 구라시키-다카마쓰 교통편을 검색하며 복습했다. 바둑 경기가 패배로 끝나면 그 자리에 그대로 앉아 처음부터 다시 둬 보는 걸 '복기'라고 하는데 내가 한 행동 역시 일종의 '여행 복기'였다. 이렇게 해야 내 마음이 편해지기 때문이다. 다시 갈 일이 없을 것 같은 구라시키를 검색하고 있는 내 모습을 자람이는 익숙한 듯 힐끗 바라보며 웃었다. 그 웃음이 긍정인지 부정인지 알 순 없지만 말이다.

회상 回想

지난 일을 돌이켜 생각함. 또는 한 번 체험한 일을 나중에 다시 재생하는 일.

연애 2회차,
전설 속의 인물을 소환하다

자람

6

"기무 상데쓰?"
"하이."

30분 단위로 딱 두 팀만 받는 리쓰린공원의 조식을 예약한 기무 상은 다행히도 우리 둘뿐이었다. 예전 도쿄 여행 때에 주문한 음료가 나오면 닉네임을 불러 주는 카페에 간 적이 있었는데 아무 생각 없이 Kim이라고 적었다가 직원의 "기무 상"이라는 부름에 한국인 5명이 동시에 픽업대로 향했던 것이 기억났다. 한국인 중에서 가장 많다는 성씨를 가진 우리 둘은 그때부터 여행 중에 예약자명을 적을 때는 웬만하며 Kim은 피하는 편이다. 하지만 이번 예약은 직접 한 것이 아니라 결국 다시 기무 상으로 불리게 되었다.

"03학번인데 85년생이니까 그냥 말 편하게 해."

지금은 사라졌지만 우리 세대 때에는 빠른 생일이란 게 있었다. 같은 85년생도 그냥 85년생과 빠른 85년생이 나뉘는 조금은 이상한 개념인데 3월 학기제를 따르는 특성상 만들어진, 이제는 역사 속으로 사라진 제도이다. 하지만 우리나라는 학년과 학번 못지않게 나이도 중요한 동방예의지국인지라 이 빠른 연생들이 학교를 벗어나면 그때부터 일명 족보 브레이커가 된다. 환이가 바로 그 '족보 브레이커'이다.

우리는 두세 번쯤 만났을 때 학번이 아닌 나이로 호칭을 정리했다. 편하게 서로의 이름을 부르기로! 내 오해일 수도 있지만 말을 편하게 놓아야 조금이라도 빨리 친해질 수 있을 거라는 단순한 김환식 플러팅이 아니었을까 생각된다. 그때 만약 환이가 "내가 학번이 높으니 오빠라고 불러."라고 했다면 우리의 관계가 바뀌었을까? 아무튼 우리끼리 정리한 이 호칭이 서로의 학창 시절 친구들을 만나면 꼬여 버리게 된다. 특히 환이의 친구들은 대부분 03학번 84년생인데 재수나 삼수를 했을 경우 83년생, 82년생까지도 올라가기 때문에 나와 편하게 말을 놓는 친구가 될 수는 없다. 오늘 '기무 상'으로 리쓰린공원의 조식을 예약해 준 사람도 환이의 03학번 동기이자 84년생 친구인 코코아*다.

11월 13일, 오늘은 다카마쓰에 와서 처음으로 미리 계획된 일정

* 본명 손용준, 이 책에서는 코코아로 부르기로 함.

이 있는 날이다. 이른 아침에 움직여야 하는 게 부담으로 느껴지기보다는 오래간만에 계획한 일정이 있다는 사실에 오히려 맘이 편했다. 다카마쓰 여행지 중 한국에서 미리 예약한 것이 딱 두 개 있는데 리쓰린공원의 조식이 바로 그중 하나이다. 그만큼 내가 기대한 일정이기도 하다. 개인적으로 여행에서의 조식은 일상에서 아침밥과는 조금 다른 의미를 지닌다고 생각한다. 그래서 오늘은 조식을 먹는 '장소'에 힘을 좀 주었다.

오늘 우리의 조식 레스토랑이 될 리쓰린공원은 미슐랭 그린가이드(참고로 미슐랭 가이드는 그린과 레드로 나뉘는데, 레드 시리즈는 주로 미식, 그린 시리즈는 여행지를 선정한다) 3스타에 빛나는 일본 100대 정원이다. 도쿄나 홍콩을 함께 여행했을 때 미슐랭 1스타나 미슐랭 빕구르망 레스토랑을 검색하여 찾아간 적은 있지만 3스타라니? 이건 이곳을 위해 다카마쓰를 방문할 가치가 있을 정도로 꼭 가봐야 한다는 말 아닌가? 물론 미슐랭을 맹신하는 것은 아니지만 이 때문에 리쓰린공원에 대한 기대감이 올라간 것은 사실이다. 솔직히 나이가 들면서 북적이는 번화가보다는 공원 같은 한적한 자연이 더 좋아진 것도 이 선택에 한 몫 하였다.

리쓰린공원은 밤나무 숲이라는 의미이지만 밤나무들은 다 베어 없고 지금은 1,000그루의 소나무와 다양한 수목들이 있는 참 잘 가꾸어진 일본식 정원이다. 우리가 방문했을 때에도 조경사들이 열심히 소나무의 가지를 치고 있었다. 이런 모습이 인위적으로 보일 수도 있지만 정돈된 조경이 주는 질서 있는 아름다움은 대자연이 주는 장엄한 멋과는 또 다른 매력이 있다. 봄에는 벚꽃을, 가을에는 단풍을 보러 많은 관광객들이 방문한다고 하는데 아직 단풍이 절정을 이루지 않았지만 소나무의 푸르름만으로도 미슐랭의 권위를 찬양하기에 충분하였다.

나는 내친김에 리쓰린공원을 좀 더 제대로 즐겨 보고 싶다는 욕심이 생겨 오기 전 여러 개의 블로그를 찾아보던 중 우연히 여기서 조식을 예약하여 먹었다는 글을 보았다. 그 글을 보는 순간 '이건 무조건 해야 돼!'라는 생각만 들었다. 하지만 관련 정보가 나와 있는 다른 글은 더 이상 찾아볼 수 없었다. 그만큼 남들이 하지 않는 색다른 경험이 될 것이라는 확신이 들었다. 전화로만 예약을 받는 이곳만의 방식도 왠지 구식이 아니라 전통이라 생각이 들었다. 그래서 일본인 사오리 상과 결혼하여 현재 일본에 거주 중인 코코아에게 도움을 요청하게 된 것이다.

우리의 20대 1회차 만남* 때에 환이의 동기들은 대부분 군인들이었기 때문에 이야기로만 전해 들었지 실제로 서로 만난 적이 없었다. 그래서인지 환이의 03학번 동기들은 꽤 오랫동안 나에게 이름만 구전되어 내려오는 전설 속의 인물들로 분류되었다. 실제로 코코아, 코알라, 위부, 만일이 형 등 고전적인 별명으로 불린 탓도 있다. 그때는 그들 역시 내가 정말 존재하는 사람인지 의심했었다고 했다.

우리가 30대 2회차 만남*을 시작했을 때에 비로소 나는 이 전설

* 1회차 만남(20대): 2005년 10월 ~ 2006년 4월 (약 6개월 사귀다 헤어짐)
* 2회차 만남(30대): 2014년 8월 ~ 현재

속의 인물들을 직접 만날 수 있었다. 얼굴을 처음 봤음에도 불구하고 마치 오랫동안 알고 지낸 것처럼 정감이 가고 애정이 느껴졌다. 상상했던 모습과 실제 모습의 싱크로율이 꽤 높은 것도 신기했다. 역시 별명은 직관적인 게 최고다.

 이렇게 보면 남녀 '둘'의 만남이 꼭 둘만의 것은 아니라는 생각이 든다. '결혼은 개인이 아닌 양가 집안의 만남이다'라는 말은 한 번쯤 들어 본 적이 있을 것이다. 가족에게 의존적이기보다는 독립적인 편인 우리는 이 말이 시대착오적인 발상이라고 생각했다. 하지만 벌써 1, 2회차를 겪은 우리의 연애도 거슬러 올라가 보니 그 시절 우리를 둘러싼 집단 간의 만남 속에서 존재했던 것 같다. 가족이든 친구든 각자가 속한 집단이 둘 사이 관계에 아주 중요한 영향을 미친다는 것을 이제는 더욱더 부정할 수가 없다. 이렇게 장기 연애를 할 수 있었던 것도 우리가 속한 집단에서의 인정과 평판이 분명 큰 작용을 했을 것이다. 어쨋든 이번에도 나와 관련된 환이의 일이라면 발 벗고 나서서 도와주는 코코아 덕분에 다카마쓰에서 가장 특별한 조식을 먹을 수 있었다.

[하나조노테이(化國丁)]

리쓰린공원 안에는 여섯 개의 테이가 있다. 테이는 앉아서 쉴 수 있는 정자를 이르는 말이다. 이 중에서 우리가 조식을 먹은 곳은 리쓰린 공원의 정문 입구와 가까운 하나조노테이라는 곳이다. 자리에 앉으면 일본식 죽인 오카유가 메인으로 나오고 죽과 곁들여 먹는 반찬인 오카즈가 차례대로 나와 한 상이 완성된다. 환이는 아침 메뉴가 죽이라는 사실에 실망한 듯 보였지만 나는 굴하지 않고 이건 죽을 먹는 게 아니라 뷰를 먹는 거라고 말해 주었다. 나 역시 죽 한 입 먹고 혹코연못의 뷰를 한 번 보고 머릿속으로는 '점심은 뭐 먹지?'라는 생각을 하긴 했다.

[기쿠게쓰테이(菊月亭)]

리쓰린공원 안에 있는 모든 '테이'의 도장 깨기를 할 생각은 없었

다. 이미 조식으로 만족도가 70% 이상 채워졌기 때문에 욕심도 없었다. 하지만 '두 손으로 물을 뜨니 달이 손안에 있다(掬水月在手)'라는 시구에서 따온 이름이 풍기는 존재감을 거부할 수 없었다. 이미 나는 두보였고 환이는 이백이었다.

　기쿠게쓰테이 입구에서 말차와 센차 중 하나를 주문하고 자리에 앉으면 차와 화과자 세트를 가져다준다. 다도 체험이라고 해서 다도 예법을 알려주는 건가? 하고 생각했는데 경치 좋은 곳에서 차를 즐기고 그 기분을 느끼는 정도였다. 차는 말 그대로 에피타이저이고 이곳의 하이라이트는 긴 마루를 지나 건물 안쪽으로 들어가면 나오

는 탁 트인 난코연못 뷰가 펼쳐진 공간이다. 이곳에서는 현지인, 관광객 할 거 없이 모두 아름다운 경치를 사진에 담기 바쁘다. 인기 있는 곳인 만큼 사진 경쟁이 치열하지만 모두들 타인의 프레임에 걸리지 않게 눈치껏 위치 선정을 하는 배려 덕에 사이좋게 사진을 찍을 수 있다. 평소 사진 욕심이 없는 환이도 이곳에서는 작품 하나가 나올 것 같은 예감이 들었는지 여러 번 앉았다 일어났다를 반복하며 타이머를 맞추는 열정을 보였다. 그 결과 우리는 경치가 주가 되고 인물은 부가 된 멋진 사진을 건질 수 있었다.

　기대가 크면 실망도 큰 법이라는 말에서 기대는 평가라는 오만함을 내포하고 있다. 나는 3스타 앞에서 겸손한 자세를 잃지 않았고 기대의 결과는 대만족이었다. 우리는 이 공원의 남쪽 정원 코스(북쪽 정원도 있음)의 절반만을 둘러보았고 아직 가 보지 못한 4개의 정자와 2개의 연못이 있었지만 아쉬움 없이 공원을 빠져나왔다. 8시부터 움직인 탓에 아직 정오도 되지 않은 시간이었다.

'그래서 점심은 뭐 먹지?'

오토바이 타는 여자
그리고 뒤에 탄 남자

환

7

스며들자. 우리가 여행을 떠나기 전 했던 다짐이다. 겉핥기로 떠돌기보다는 여행지에 진심으로 푹 빠져 보자는 의미다. 여행 4일차 오후엔 다카마쓰에 스며들어 보기로 했다. 우리는 퇴근 시간에 맞춰 공유 자전거 두 대를 빌렸다. 누가 봐도 행색은 '직장'이 아닌 '여행'에서 퇴근한 기쁨이지만 콘셉트에 충실해야 하니 다카마쓰 사는 신혼부부를 떠올리며 자전거에 올라탔다. 목적지는 숙소에서 20분 거리에 있는 대형마트다. 관광객은 가지 않는 한적한 동네를 일부러 골랐다. 내일로 다가온 자전거 여행의 실전 테스트도 함께 진행됐다. 다카마쓰 도착 첫날이 기능 시험이었다면 오늘은 도로 주행이다. 집 앞 골목길을 벗어나 인도와 차도 사이에 있는 자전거 도로로 달리기 시작했다. 여전히 비틀비틀 불안하고 주변에 차나 자전거가 다가오면 멈추기 일쑤였지만 첫날보다는 훨씬 괜찮은 주행이었다.

해가 지면서 제법 쌀쌀해졌지만 연습생 등에선 땀줄기가 흘러내렸다. 그래도 현지인처럼 보이고 싶어서 앞서가는 자람이를 향해 억지 미소를 지었다. 자람이는 집 앞 골목에 내놓은 세 살 아기 보듯 나를 바라봤다.

"자전거를 못 타시는데 오토바이를 타겠다고요?"

2023년 6월이었다. 베트남 사파 여행을 준비하던 도중 오토바이를 빌리면 볼 수 있는 뷰가 달라진다는 말에 덜컥 강습 신청을 해 버렸다. 1시간에 1인당 7만 원 정도로 꽤 비싼 강습료였지만 당시에는 배우기만 한다면 탈 수 있을 거라는 이상한 자신감이 있었다. 나와 자람이 그리고 배달일을 준비하는 한 청년 이렇게 총 세 명이 실내 트랙에 모였다. 레버를 조금씩 당겨 천천히 앞으로 가는 연습부터 시작했다. 여기까지는 누구나 다 가능했다. 이후 타원형의 트랙을 천천히 돌면서 회전 연습을 했다. 자람이는 우등생이었다. 단번에 감을 잡았다. 자람이는 빠르게 선생님 손을 떠났다. 배달 청년의 오토바이 실력은 미숙했다. 나는 안도감과 함께 동질감을 느꼈다. 나 같은 사람이 또 있다니!

하지만 오래가지 못했다. 배달 청년은 몇 번의 실패 끝에 무언가를 터득했는지 비틀거리면서 어떻게든 한 바퀴를 돌았다. '배달업을 하려면 나보다 잘 타는 게 맞지'라며 스스로를 안심시켰지만 나는 여전히 2~3m 직진 이후 갸우뚱하며 쓰러지는 사람이었다. "오토바이는 배우면 누구나 탈 수 있어요."라고 자신 있게 말했던 선생님의 표정이 굳어지는 게 느껴졌다. 계속 픽 쓰러지는 나와 그 옆을 지나가는 배달 청년 그리고 더 빠르게 지나가는 자람이. 난 그렇게 열등생이 됐다.

"자존심이 상할 수 있어요. 그런데 너무 낙담하지 마세요. 정말 가끔 못 타시는 분이 있어요. 여자친구인지 와이프인지 잘 모르겠지만 남자분을 너무 이상하게 생각하지 마세요. 어쨌든 오늘은 오토바이 타기 힘들 것 같아요."

선생님은 진지한 표정을 하며 '오토바이 탑승 불가'라는 진단을 내렸다. 그걸 들은 우리는 낙담 대신 피식거리며 웃어 댔다. '얘네가 왜 저러지'라는 황당한 선생님의 표정을 지금까지도 잊을 수 없다. 베트남 사파에서는 자람이가 운전하는 오토바이 뒤에 매달려 곳곳을 누볐다. 여자친구 등 뒤에 붙어 다닌 여행도 나쁘지 않았다. 둘 중 하나라도 오토바이를 탈 수 있는 게 어디인가. 장기 연애 커플에게 이 정도 일은 재밌었던 에피소드 중 하나일 뿐이다.

마트에서 돌아오는 길은 한결 쉬웠다. 이틀 만에 자전거를 탈 수 있게 된 내 모습이 신기하면서 허무하기까지 했다. 이렇게 쉽게 탈 수 있을 자전거를 평생 외면했다니…. 뭐가 무서워서 자전거를 피했을까 싶었다. 이제는 나오시마섬 자전거 여행도 문제없어 보였다. 자람이는 내친김에 스케일을 키워 오토바이를 빌려 보자고 제안했다. 자신감이 가득 찬 나는 '콜!'을 외치려다가 오토바이 선생님의 표정을 떠올렸다.

"자람아, 우리 오토바이는 다음에 타는 걸로…."

변화 變化

사물의 성질, 모양, 상태 따위가 바뀌어 달라짐.

식습관이 달라도 식탁은 하나다

환

8

　마트에서는 우리만의 루틴이 있다. 자람이는 샐러드용 채소와 요거트, 달걀을 가장 먼저 고른다. 샐러드는 눈으로 봤을 때 싱싱하면 된다. 요거트는 무지방이나 저지방이면 좋고 세일 제품이면 브랜드가 무엇이든 괜찮다. 달걀은 저렴한 걸 위주로 선택한다. 다음은 내가 먹을 걸 찾는다. 주로 면이다. 한국이었다면 스파게티가 1순위였겠지만 이날은 일본 마트에서만 파는 걸 먹고 싶었다. 완제품으로 나오는 일본식 1인 나베요리에 우동 사리를 추가하기로 했다. 이미 조리가 되어 있는 함박스테이크와 생선구이까지 사서 '탄단지' 밸런스를 맞췄다. 우리가 두 가지 콘셉트를 가지고 장을 보는 이유는 서로의 식성이 다르기 때문이다. 자람이는 주로 건강식이다. 아무리 먹어도 혈당이 올라갈 것 같지 않은 건강하고 깨끗한 음식을 선호한다. 나는 전형적인 자취생 음식을 좋아한다. 국물이 있는 라면을 좋아하지 않는 건 자취생 자격이 없다고 볼 수 있지만 국물 없는 면, 이를테면 스파게티나 짜파게티는 언제든지 환영이다. 튀김, 구이, 인스턴트? 늘 좋다.

   2005년 첫 만남 때는 서로의 식습관에 관심이 없었다. 뭘 먹어도 소화가 가능한 20대 초반이기도 했고 주로 밖에서 사 먹었기 때문에 당시에 유행했던 식당에 가면 되니 고민할 필요가 없었다. 쏘렌토, 노리타, 일마레 등 그럴싸한 이름의 이탈리아 레스토랑을 가거나 민들레영토, 캔모아, 아이스베리 등에서 음료와 식사를 동시에 해결하는 게 당시 우리의 데이트였다. 서울 흑석동에 위치한 내 자취방에서 딱 한 번 음식을 해 먹었던 적이 있다. 새해라서 떡국을 준비했고, 나름대로 공들인 음식을 해 보고 싶어 탕수육을 추가했다. 자람이의 식성이 반영되지 않은 내 만족을 위한 식탁이었다. 그래서인지 자람이가 이것들을 맛있게 먹었는지는 잘 기억나지 않는다. 자람이가 탕수육을 즐겨 먹지 않는다는 사실은 그로부터 10년 뒤쯤 알게 됐다.

   하지만 요즘 우리가 가장 많이 고민하는 주제는 식사다. 어디서 무엇을 먹을지 이야기하는 것부터 맛있는 걸 먹고 평가하는 것까지 우리 생활에 큰 비중을 차지한다. 평생 가족과 지낸 자람이와 20년 넘게 자취생으로 살아온 나는 접점을 찾아야만 했다. 그 결과 서로가 조금씩 양보하는 선에서 정리가 된 듯하다. 자람이는 가끔 나를 위해 치킨을 먹는다. 나도 자람이가 준비한 샐러드를 나눠 먹는다. 먹다 보니 샐러드도 꽤 맛있다. 자람이도 혼자서는 치킨을 시켜 먹

은 적이 없다고 말하지만 내가 시켜 준 치킨을 곧잘 먹는다.

　먹는 것보다 더 중요한 게 준비다. 다행히도 우리가 가장 호흡이 좋은 장소가 바로 부엌이다. 요리 오디션 프로그램의 2인 1조 미션을 통과한 도전자들처럼 동선이 딱 맞아떨어진다. 우리도 맨 처음에는 '이렇게 할까', '저렇게 할까' 서로의 마음을 확인하느라 바빴다. 각자 알고 있던 조리 방법과 다르면 "응? 왜 그렇게 해?"라고 묻던 시절도 있었다. 내가 인천으로 이사 온 뒤로는 외식보다 집에서 함께 식사를 하는 일이 많아졌고 자연스럽게 우리의 호흡도 좋아지기 시작했다. 삶은 달걀은 내 몫이고 프라이는 자람이가 맡는다. 파스타 면은 내가, 그 위에 뿌려질 소스는 자람이가 담당한다. 누가 먹든 중요하지 않고 한 상 차림에 집중한다. 우리만의 규칙대로 움직이다 보면 식사 준비는 금세 끝난다. 설거지는 돌아가면서 맡지만 당번이 아니라고 쉬는 것은 아니다. 식기를 옮기고 주변 청소를 한다. 이 모든 과정은 말보다 눈치로 이루어진다.

"그…."
"아! 삶은 달걀 찬물에 넣어 두자고? 오케이."

나는 다카마쓰에서도 삶은 달걀 2개를 찬물에 넣는 일을 잊지 않았다.

중2병보다 무서운
마흔병에 걸리다

자람

9

"사진 한 장만 찍어 주실래요?"

다카마쓰에서 우리에게 처음으로 말을 건넨 한국인은 40~50대 쯤 되어 보이는 부부였다. 이 도시에 온 지 벌써 5일차인데 신기하게도 한국인을 만난 적이 거의 없다. 공항에서 만난 그 많던 어르신들은 다들 어디 간 거지? 우리가 패키지 일정을 피해 간 건지 아니면 다들 우리가 모르는 좋은 곳에 간 건지는 알 수 없었다.

사실 아까 베네세 하우스 뮤지엄에서부터 이 부부를 보고 한국인 임을 직감했다. 다리를 한껏 벌리고 허리를 최대한 젖혀서 너무나 열정적으로 서로를 찍어 주는 모습을 보았기 때문이다. 아마 부부도 전부터 우리를 지켜보고 있다가 두 번째 마주쳤을 때에 조심스럽게 사진을 부탁하신 듯하다. 이곳 이우환 미술관의 야외 갤러리는 인생

샷이 나올 수 있는 포토 스폿이다. 특히 오늘은 전국의 날씨 요정들이 다 이곳에 모였는지 날씨 또한 완벽했다. 세토 내해를 마주하고 펼쳐진 미술관 옥외 공간의 푸른 잔디밭과 파란 하늘은 단연 최고의 배경이었다.

나는 발끝 맞추기, 가운데 정렬, 가로세로 프레임, 줌인아웃 등 다양한 옵션을 활용하여 여러 장의 사진을 찍었다. 이왕에 찍어 드리는 김에 프로필 사진으로 간택되는 영광을 누리고 싶다는 생각이 들어 최선을 다했다. 환이도 옆에서 "좀 더 붙어 보세요." 등 추임새를 넣으며 인생 샷 탄생 현장에 숟가락을 살짝 얹었다. 부부는 사진을 확인도 하지 않고 "괜찮습니다. 고맙습니다."를 연발하셨다. 결과물보다는 우리의 열정에 만족하신 것 같았다.

'여행 가서 사진은 자고로 한국인들에게 부탁하세요!' 이 말은 이제 국룰을 넘어서 세계룰이 확실하다. 언제부터인가 부모님 나이대의 분들이 사진을 요청하면 이런 기쁨이나 외국인들이 부탁했을 때보다 더 정성을 들여 찍게 된다. 이분들의 인생에 좋은 추억을 만들어 드리는 것 같아 보람이 느껴진다고 해야 할까? 부부의 사진 부탁은 오래간만에 참 반가운 임무였다. 부부는 우리에게도 사진을 찍어 드릴까요? 하고 물으셨지만 우리는 삼각대를 가리키며 충분히 많이 찍었다고 대답했다. 이번 여행에서 우리 역시 둘의 모습을 최대한 많이 담기로 했다. 나름 기념비적인 여행이기 때문에 '같이 사진 찍기'를 중요한 목표 중에 하나로 정했고 삼각대, 셀카봉 등 필요한 몇 가지 장비를 따로 챙겨 왔다. 웬만하면 다른 사람한테 부탁하지 않고 우리 스스로 여러 가지 시도를 해 보기로 하여 핸드폰 2대와 사진기 2대로 영상과 사진을 오가며 부지런히 여행을 기록하고 있다.

"이 사진기는 너무 무거운데 오늘은 가져가지 말까?"

이미 가득 차 모양이 흐트러진 크로스백을 가리키며 환이가 말했다. 작년에 베트남 여행을 가기 전 본격적으로 여행 유튜브를 시작해 보고자 큰맘 먹고 200만 원짜리 카메라를 샀다.

'소니 A7C 미러리스 카메라' 이 정도는 써 줘야 유튜버지! 이 카메라는 베트남과 튀르키예를 거쳐 시코쿠까지 우리를 따라왔지만 그 활용도는 점점 줄어들기 시작하더니 이번에는 결국 친구에게 빌린 콤팩트한 '리코 GR2'에게 넘버원 카메라의 자리를 내주었다. 불과 2년 전까지만 해도 미러리스 카메라와 고프로는 여행 유튜버의 기본이었지만 그사이 프레임은 가로에서 세로로 영상은 롱폼에서 숏폼으로 변하여 우리도 트렌드 변화에 따라 장비를 바꿀 수밖에 없었다.

장비와 열정만 보면 우리를 사진 찍기 좋아하는 사람들이라고 착각할 수 있지만 평소에는 그 흔한 음식 인증샷과 거울 셀카도 잘 찍지 않는다. 특히 환이는 더욱 심하다. 이런 우리를 변화시키기 위해서는 명분이 필요했다. 그게 바로 유튜브였다. 과제가 생기면 누구

보다 성실히 수행하는 사람들이라는 걸 알았기 때문에 우리는 스스로 두 소띠의 습성을 이용했다. 우리는 성실하게 여행을 기록하고 여행이 끝나면 데드라인에 맞춰 서로에게 과제를 제출한다. 매일 밤 촬영한 사진과 영상을 주제별로 분류하여 업로드한 후 여행이 끝난 뒤 이것들을 편집해 영상을 만드는 것까지가 우리의 여행이다. 이 기록의 결과물이 '환이람'이라는 유튜브 채널이다. 설마 했다면 맞다. 환이와 자람이의 줄임말이다. 여행을 다녀온 후 에피소드별로 편집된 숏폼 영상을 보면 힘들었던 기억도 즐거운 추억으로 미화된다. 그 과정은 조금 번거롭지만 이 맛에 우리는 부지런히 여행을 기록 중이다.

　누군가 왜 스스로에게 과제를 부여하면서까지 여행을 번거롭게 만드냐고 묻는다면 솔직히 그 사람을 설득할 자신은 없다. 나는 일을 하는 것처럼 연애(또는 결혼)도 생산적이라면 둘의 관계도 날이 갈수록 더욱 상승 곡선을 타지 않을까라는 생각을 한다. 보통 연인 사이에 관계의 그래프가 초반에서 중반 사이에 정점을 찍은 뒤 권태기라 불리는 부정적인 감정들의 공격에 의해 심한 변동을 보인다. 이 시기에 관계는 점점 하락세를 타고 이후 별다른 반전이 없는 한 결국 지지선에 닿거나 그 직전에 서로 타협하게 된다. 나는 그것을 둘만의 과제나 생산적인 활동들을 통해 상승세로 바꾸어 고점을 유지하려는 노력이 필요하다고 보는 입장이다. 연애까지 꼭 생산적일 필요가 있냐고? 물론 아니다. 하지만 수없이 오르락내리락하는 변동 속에서 11년의 연애 그래프를 우상향으로 만들기 위해서 우리에게는 그게 필요했다.

　'우리가 나이 들어서도 함께 여행을 한다면 그때는 어떤 방식으로 우리의 여행을 담고 있을까?'

　부부를 보고 문득 이런 생각이 들었다. 5일차 시코쿠 여행에서 환이와 내가 서로 사진을 찍어 주면서 가장 많이 했던 말은 '그래도 마흔치고는 해맑다'라는 말이었다. 이상하게 앞에 '마흔치고는'을 꼭

붙였다. 앞에 그 말이 있으니 뒤에 있는 칭찬이 더 돋보이기도 하면서 더 의미 없어지기도 하는 이상한 기분이 들었지만 마흔인 건 사실이니 현실을 받아들였다. 아무래도 우리는 지금 마흔병을 앓고 있는 것 같다. 중2병도 건너뛴 나인데 요즘은 마흔이 된 내 자신이 왠지 너무 멋지고 특별해 보이는 개인적 우화에 빠져 있다. 마흔을 기념해서 여행을 온 것도 이 병의 한 증상이었다. 그리고 이 병은 전염성이 있어 옆에 있는 마흔 살도 감염이 되었다. 마흔병 감염자들은 더욱 열심히 불혹의 모습을 기록한다. 앞으로도 이렇게 '마흔치고는', '50대치고는', '환갑치고는'이라는 말이 붙을 수 있게 철없게, 해맑게 서로를 담아 주면 되겠지?

발견 發見

미처 찾아내지 못하였거나 아직 알려지지 아니한
사물이나 현상, 사실 따위를 찾아냄.

너는
내 취향 저격

자람

10

시코쿠 여행에서 '사진 찍기' 말고 또 하나 정한 우리만의 룰이 있는데 '욕심내지 말고 하루에 딱 한 곳만 가기' 이다. 오늘 우리의 한 곳은 바로 다카마쓰 여행의 메인이자 가기 전부터 나의 최애가 된 나오시마섬이다.

[나오시마섬에서 우리가 해야할 것]
1. 섬 안에서 자전거 타기
2. 미리 예약한 미술관 두 곳 가기
 - 지추 미술관, 베네세 하우스 뮤지엄

나오시마섬은 본래 산업폐기물들도 가득한 폐허였지만 나오시마 프로젝트에 의해 재탄생되며 현대 예술의 섬으로 거듭난 곳이다.

쿠사마 야오이, 안도 다다오 이름만 들어도 유명한 거장들의 작품과 건축물들이 섬 곳곳에 자리하고 있어 섬 전체가 하나의 미술관이라고 보면 된다. 항구에 도착하자마자 우리는 반기는 '빨간 호박(쿠사마 야오이의 작품)'을 보면 이 섬이 주는 예술의 기운을 바로 느낄 수 있다. 나오시마섬은 '한곳'이라고 퉁치기에는 볼거리가 너무 많다. 그래서 마흔인 우리에게는 선택과 집중이 필요했다. 특히 환이에게 나오시마섬은 자전거만으로도 벅찬 일정이 될 것이기 때문에 욕심을 내지 않고 환이가 자전거로 충분히 이동할 수 있는 동선을 짜기로 했다.

나오시마섬에는 크고 작은 미술관과 전시실이 10개가 넘게 있다. 실내뿐 아니라 옥외 공간에 전시된 작품들도 많고 프로젝트성의 전시도 열리기 때문에 미술관을 순환하는 셔틀버스가 있을 정도이다. 이 중에서도 몇몇 미술관은 '베네세 아트 사이트 나오시마' 홈페이지에서 온라인으로 예약을 해야지만 갈 수 있다. 가장 인기가 많은 미술관은 바로 지추(址中) 미술관이다.

12시 15분. 지추 미술관 예약시간에 맞춰 미야노우라항에 도착하였다. 항구에서 지추 미술관까지는 1.9km, 자전거로 15분도 안 걸리는 거리지만 환이에게 어떤 변수가 발생할지 모르니 우리는 40분의 여유를 두고 출발하였다. 수동 자전거로 연습하고 실전에서는 전동 자전거를 타니 수동 기어로 운전연습을 하고 하고 오토 기어 자동차를 탄 것처럼 어려움 없이 적응을 하였다. 어제 마트 주행 연습을 한 것도 한 몫 하였다. 자전거를 끌고 걸어가는 상상, 환이를 내 뒤에 태우고 끙끙거리며 올라가는 상상은 다행히 현실이 되지 않았다. 조금 뒤뚱거리긴 했지만 환이는 딱 나오시마섬을 돌아다니기 적당할 정도로 자전거를 탔다.

우리의 동선은 미야노우라항에서 1.9km를 자전거로 달려 지추 미술관을 관람하고 그곳에서 1.3km 떨어진 베네세 미술관까지 갔다가 돌아노는 길에 이우환 미술관의 야외갤러리를 쓱 보고 다시 항구로 돌아오는 왕복 6km의 라이딩 코스이다.

총 면적이 8km²인 나오시마섬은 크게 3구역으로 나뉜다. 첫 번째는 미야노우라(항) 구역, 두 번째 혼무라(항) 구역, 세 번째 베네세 미술관 구역이다. 미야노우라항에서 시계 방향 또는 반시계 방향을 선택하여 한 바퀴를 쭉 돌고 다시 항구로 돌아오는 것이 정석 코스이지만 긴 동선이 환이에게 무리가 될 수 있어 우리는 욕심 없이 섬의 딱 1/3만 보기로 하였다. 그래서 경사기 완만한 시계 방향이 아닌 약간 오르막이 있지만 우리가 예약한 미술관 두 곳이 위치한 베네세 미술관 구역으로 바로 갈 수 있는 반시계 방향을 선택하였다. 전동자전거가 있었기에 오르막은 크게 문제가 되지 않았다.

지추 미술관 앞에 도착하니 12시 타임 예약자들이 입장을 준비하고 있었다. 입장을 하고부터는 사진 촬영이 금지였다. 미술관 내부가 촬영 금지인 경우는 보았지만 이렇게 외부 입구에서부터 사진 촬영이 금지인 미술관은 처음이었다. 지추 미술관은 건출물 자체가 안

나오시마 자전거 코스

도 다다오의 작품이고 자연광이 들어오도록 설계되었다. 클로드 모네의 방, 월터 드 마리아의 방, 제임스 터렐의 방 이렇게 총 세 개의 전시실에 있는데 여기에 있는 작품은 다 합쳐도 여덟 개 정도이다. 하지만 작품 수는 중요하지 않았다. 이곳에 전시된 작품들은 미술관을 둘러싼 모든 것들과 유기적으로 결합하여 예술미를 뿜내고 있었다. 처음에는 작품 수가 적어 금방 보겠다라는 생각을 하였는데 작품을 둘러싼 시간의 흐름과 변화하는 빛의 각도가 살아 있는 작품 그 자체였다.

미술관에서 도파민의 절정을 느낀 때는 바로 클로드 모네의 수련을 본 순간이었다. 예전에 파리 여행을 갔을 때 오랑주리 미술관을 가지 못한 게 두고두고 아쉬웠는데 지추 미술관에서 모네의 수련을 보다니 이건 완전 돈을 번 느낌이었다. 나는 2,500엔으로 파리를 왕복하였고 오랑주리 미술관에 다녀온 것이다. 클로드 모네의 방을 두 번 보고, 미술관 내의 카페에서 차도 한 잔 마시고, 중요한 기념품 쇼핑도 하고 나니 어느새 시간은 오후 3시가 다 되어 있었다. 생각해 보니 평소에는 미술관에서 인증샷을 남기기 바빴던 것 같은데 사진 촬영이 금지여서 오히려 그것들을 눈에 담는 데 많은 시간을 보낼 수 있어 좋았다. 사진으로 다시 볼 수 없다는 생각에 더욱 집중해서 작품을 감상하였다. (옆에 있는 환이를 잠시 잊을 정도로…) 미술관 안이 조용해 서로 많은 대화를 나누지 못하였지만 환이도 몇 번이 감탄사를 내뱉었던 것 같다. 감탄인지 한숨인지는 확인되지 않았지만….

지추 미술관을 빠져나온 후 환이는 자전거 긴장이 풀린 탓인지 아니면 2시간을 넘게 따라다니며 지친 탓인지 약간 풀린 눈으로 "조금 출출하지 않아?"라고 물었다. 나는 마흔병에 모네병까지 추가되어 "아니 밥 안 먹어도 배부르다."라는 허세 짙은 말을 내뱉었다.

지추 미술관에서 베네세 하우스 뮤지엄까지 거리 1.3km. 그 사이

펼쳐진 눈부신 바다와 하늘은 인간이 만든 예술품에 감탄한 나를 다시 겸손하게 만들었다. 나오시마섬은 나의 강력 추천지였기 때문에 환이를 만족시키는 것까지 나의 임무였다. 중간에 흥미를 잃지 않도록 도슨트가 되었다가 사진 작가도 되었다가 미리 준비해 온 간식으로 당을 채워 주는 일까지 1인 다역을 소화했다. 이곳이 수백 점의 작품이 빼곡히 전시되어 보는 것만으로도 관람객을 기 빨리게 하는 미술관이었다면 환이도 새어 나오는 하품을 참지 못했을 것이다. '그럼 나는 실망을 했겠지? 그걸 눈치챈 환이는 또 미안해했겠지?'

생각만 해도 숨 막히는 결말이다. 하지만 나오시마섬은 조금 달랐다. 우리는 이곳에서 추상적인 작품 속에 담긴 작가의 숨은 의도를 파악할 필요가 없었다. 신이 만든 바다, 하늘, 자연의 아름다움은 억지로 노력하지 않아도 충분히 느낄 수 있었다.

베네세 하우스 뮤지엄에서 우리는 '100 Live and Die'라는 작품 앞에서 동시에 멈춰 섰다. 이 작품은 인간의 삶과 죽음을 100가지 키워드로 만들어 각 문구들에 네온 불빛이 켜졌다가 꺼졌다가를 반복하는 설치미술작품이다. 우리는 번갈아 가며 "스톱!"을 외치고 그 순간 불이 켜진 문구를 사진을 찍어 각자 간직해 보기로 했다. 환이

는 'KILL AND DIE' 나는 'PLAY AND LIVE'가 나왔다. 우리 공존할 수 있는 걸까?

과유불급이라고 했다. 더 욕심내었다가는 지금까지 좋았던 것도 수포로 돌아갈 것 같아 이쯤에서 미술관 투어를 마쳤다. 돌아오는 길에 이우환 미술관에 들러 내부 전시는 깔끔하게 포기하고 야외갤러리에서 남은 예술혼을 사진으로 불태웠다. 페리를 기다리며 마지막으로 쿠사마 야오이의 빨간 호박을 한 번 더 보았다. 이 작품은 항구 근처 방파제에 설치되어 있어 나오시마섬의 처음과 끝을 장식하는 작품이다. 가까이 가 보니 단순히 눈으로만 보는 게 아니라 관람객이 직접 작품 안으로 들어갈 수 있는 구조로 되어 있었다. 빨간 호박에 그려진 까만색 물방울무늬마다 구멍이 뚫려 있어 관람객들은 마치 놀이를 하듯이 내부를 체험할 수 있는데, 특히 아이들이 매우 좋아하였다. 나 역시 밖에서 사진을 찍고 있는 환이를 부르며 고개를 넣었다가 다른 물방울로 다시 고개를 뺐다가를 반복하며 호박 안에 들어간 두더지를 형상화한 퍼포먼스를 해 주었다. 예상대로 환이의 취향을 저격했다. 환이는 도착할 때까지 빨간 호박 두더지 영상을 반복 재생하였다. 오늘 본 작품 중에 가장 맘에 들었나 보다.

선택 選擇

여럿 가운데서 필요한 것을 골라 뽑음.

1일 1우동
가능 vs 불가능

환

11

다카마쓰가 국내에 알려진 건 2016년부터다. 항공사 에어서울이 모회사 아시아나항공으로부터 노선을 물려받으면서 본격적인 관광객 유치가 시작됐다. 에어서울의 첫 국제선 취항편이라 꽤 신경을 썼던 것 같다. 한국인이 가장 혹할 만한 '우동의 본고장'이라는 슬로건을 내세웠다. 다카마쓰라는 생소한 도시와 우동이라는 단어가 잘 연결되지 않자 '사누키 우동'을 전면에 내세우기도 했다. 다카마쓰와 사누키는 가가와현 안에 나란히 붙어 있는 도시라 아예 틀린 표현은 아니었다. 지금까지도 이 노선은 잘 유지되고 있으며 진에어까지 가세했으니 우동 마케팅은 성공이라고 볼 수 있다. 우리도 우동에 이끌려 다카마쓰를 검색하기 시작했다. 다카마쓰행 비행기를 끊고 가장 먼저 한 일은 구글맵에서 찾은 우동 가게에 별표를 달아 두는 일이었다.

우리는 다카마쓰 시내에 5일간 머물며 세 차례 우동을 먹었다. 첫날까지는 우동을 마치 붕어빵을 먹는 것쯤으로 생각했다. 자람이는 "하루 두 끼 우동을 먹겠다고? 하루 한 끼도 힘들걸."이라고 했지만 나는 이미 우동에 꽂혀 있어서 주의 깊게 듣지 않았다. 1일 2우동까지 해낼 것이라는 근거 없는 자신감이 있었다. 다카마쓰에서의 첫 우동 가게는 '우동 바카이치다이'였다. 오후 4시쯤 도착한 가게 앞에는 이미 20명쯤 대기 중이었다. 됐다 싶었다.

"오후 4시에 20명 이상 기다리는 가게는 맛집이 아닐 수가 없어!"

일본 우동 가게는 대부분이 그렇지만 반셀프 시스템이다. 우동을 먼저 주문한 다음 튀김을 셀프로 골라 최종적으로 계산을 한다. 이 가게의 대표 메뉴는 가마버터우동이다. 10명 중 7명이 이 메뉴를 주문한다. 가마버터우동은 김이 모락모락 나는 따뜻한 면발에 버터 한 조각 그리고 통후추가 듬뿍 뿌려져 있다. 가장 먼저 무료로 제공된 날달걀 하나를 톡 하고 깨서 올린다. 역시나 무료 토핑인 튀김가루와 파를 기호에 맞게 첨가한다. 너무 과하게 넣으면 눅눅해질 수 있으니 먹으면서 추가하는 걸 추천한다. 탱글탱글한 달걀 노른자를 살짝 터트려 휘저어 버무린 다음 한 젓가락 뜨면 "이게 진짜 우동이지."라는 말이 절로 나온다. 버터의 느끼함은 파가 잡아 주고, 통후추의 강렬한 맛은 눅눅해진 튀김가루가 부드럽게 덮어 준다. 호로록 먹는 게 예의라고 들었기에 평소에는 시도하지 않던 면치기까지 해 본다. 입을 가득 채운 통통한 면발 그리고 함께 들어온 버터 향이 입 안을 감싼다. 우동이 조금 물리면 함께 주문한 튀김을 힌 입 베어 문다. 그러면 또 다른 맛이 입 안에 퍼진다.

옆 사람과 어깨가 닿을 정도로 좁은 가게지만 각자의 방식대로 우동을 먹느라 서로를 신경 쓰지 않는다. 우리가 갔던 날은 이상하리만큼 한국 관광객이 한 명도 없었다. 우동을 먹으면서 내 선택이 틀리지 않았다는 걸 자랑하기 위해 "현지인이 많아야 진짜 맛집이지."라는 개똥철학을 자람이에게 설명했다. 너무 맛있지만 한 번 더 먹긴 힘든, 그런 맛이라는 게 있다. 이 우동이 그랬다. 강렬한 맛이

한동안 입 안을 맴돌았다. 첫인상이 너무 강렬했나 싶다. 이후 이틀 간은 약속이라도 한 듯 그 누구도 우동 이야기를 꺼내지 않았다. 우리의 소화 기관이 우동 면발을 매일은 버티지 못할 것이라는 걸 직감했다. '우동 쿨타임'이 다시 찰 때까지는 이틀의 시간이 필요했다.

    여행 넷째 날이 돼서야 우동을 쳐다보기 시작했다. 리쓰린공원 조식은 너무나 좋았지만 여행자의 배를 든든하게 채워 주진 못했다. 우동투어를 다시 시작하는 날이 오늘이라는 건 서로 말하지 않아도 알고 있었다. 우리의 두 번째 우동 가게는 '사카에다 우동'이었다. 도심 한가운데 있는 대형 우동 가게였다. 회전율이 매우 빨라서인

지 직장인이 많았다. 외관상 맛집의 포스는 없었다. 자리가 많아 줄을 서는 가게도 아니어서 더욱 그랬다. 초심으로 돌아가기 위해 가장 기본석인 우동을 선택했다. 국물에 남겨 있는 가케우농. 어디선가 먹어 본 맛이었지만 면발의 수준은 매우 높았다. 덜 자극적인 우동을 선택한 덕분인지 이날부터 우동투어가 탄력을 받았다. 다음 날 나오시마섬을 빠져나온 이후 방문했던 '카와후쿠'는 우동 가게보단 술집에 가까운 분위기였다. 셀프가 아닌 서빙이 기본인 전형적인 옛 우동 가게였다. "난 나오시마섬에서 예술을 먹었기 때문에 배고프지 않다"던 자람이도 카레우동의 진한 맛에 예술혼을 꺾고 말았다.

 누군가가 메뉴를 정해 주는 걸 좋아하는 나와 다양한 메뉴를 조금씩만 먹고 싶은 자람이는 어쩌면 최고의 식사 파트너일지도 모른다. 우동처럼 큰 카테고리가 확실하게 정해진 가게라면 콤비 플레이가 빛을 발한다. (패밀리 레스토랑처럼 메뉴가 다양하면 우리의 콤비 플레이는 위력이 떨어진다) 특히 나는 2인분도 아니고 1.5인분도 아닌 딱 1.3인분 정도를 좋아한다. 메뉴 2개를 시켜 이것저것 맛을 보다 젓가락을 일찍 내려놓는 자람이, 그리고 그 남은 음식을 처리해서 1.3인분을 채우는 나. 다이나믹 듀오의 〈신나〉라는 노래에서 등장하는 배트맨과 로빈, 메리와 피핀, 남철 남성남, 서수남 하청일 같은 환상의 콤비다. 아! 축구로 비교하면 로벤과 리베리다. 이렇듯 우동에 있어서 우리의 호흡은 꽤 좋았다. 자람이가 먹고 싶은 우동 메뉴 2개를 고르고 서로 나눠 먹다가 마무리는 내가 하면 그릇이 깔끔하게 비워진다.

여행 6일차, 우동집 방문의 호흡이 절정에 달할 때쯤 우리는 다카마쓰 시내를 벗어나 외곽 지역인 야시마로 향했다. 다카마쓰 시내에서 동쪽으로 전철을 타고 30분쯤 가면 나오는 곳이다. 일반적인 관광객은 야시마에 숙소를 잡지 않는다. 보통 우동투어 도중 잠시 들르는 지역이다. 하지만 우리는 앞서 말한 스며드는 여행과 잘 맞는 장소로 야시마를 선택해 2박을 예약했다. 야시마는 한적하다 못해 썰렁하기까지 했다. 숙소가 있는 후루다카마쓰역에서 우리 둘만 내렸다. 숙소까지 가는 동안에는 캐리어 끄는 소리와 까마귀 소리만 들릴 뿐이었다. 날씨도 살짝 흐려지면서 을씨년스러운 느낌까지 들었다. 괜히 이곳까지 왔나 싶다가 구글맵을 통해 숙소 근처에 미리 찍어 둔 우동 가게를 확인하고 나서 마음을 고쳐먹었다. 나는 야시마를 '우동 먹고 산책하기 좋은 동네'라고 다시 정의했다.

야시마는 엄밀히 말하면 섬이다. 시코쿠 본토와 5m 정도 떨어져 있다. 그 사이에는 아이비키가와강이 흐른다. 동네 개천 수준의 좁은 강이다. 수많은 다리로 연결돼 있어 섬이라고 느끼는 사람은 거의 없는 듯하다. 우리에게 익숙한 여의도 같은 곳이라고 이해하면 된다.

세 번째 숙소는 굳이 따지자면 섬 쪽에 있었다. 전철에서 내려 10분을 걷다가 짧은 다리를 건너니 널찍한 마당이 있는 집이 나왔다. 두 채로 구성된 집 가운데 우리 숙소는 별채였다. 인상 좋은 노부부가 안채에서 나와 우리를 맞이했다. 별채는 우리가 상상 속으로만 그렸던 일본 전통 가옥이었다. 총 세 개의 방이 전통적인 미닫이문으로 연결돼 있었다. 첫 번째 방에는 코타츠가 자리 잡고 있다. '선기 히터를 부착한 이불 달린 탁자'로 주로 난방 시설이 열악한 일본 전통 가옥에서 사용한다. 두 번째 방에는 두툼한 이부자리 두 세트가 깔려 있다. 세 번째 방에는 짐을 놓을 수 있는 공간과 책장이 있었는데 일본의 시리즈 만화책이 수십 권 꽂혀 있다. 노부부의 자녀들이 어린 시절 본 만화책인 것 같아 추억의 방 같은 느낌이 들었다. 좁은 복도를 따라 들어가면 별도의 부엌이 나온다. 그 부엌에 있는 통창으로는 입구가 한눈에 보여 누가 집으로 들어오는지 확인할 수 있

다. 먹고 놀고 쉬기엔 딱 좋은 아늑한 집이라 마음에 쏙 들었다.

우린 야시마에서 두 차례 우동을 먹었다. (우동 야마다야 본점/자이고우동 혼케) 부지에 여유가 있는 외곽이라서 그런지 다카마쓰 시내와는 달리 널찍한 공간에서 여유 있게 우동을 즐겼다. 어느 우동 가게를 가든 내세우는 대표 메뉴가 조금씩 다르다는 건 참 신기한 점이다. 면발의 쫄깃함도 양념도 양도 그릇의 모양도 천차만별이라 새로운 가게에 갈 때마다 기대감이 생겼다. 야시마가 무엇보다도 좋았던 건 우동 가게에서 숙소까지 거리가 모두 1km 이상이었다는 것이다. 우동을 먹고 나면 특유의 더부룩함이 있는데, 1km 넘는 거리는 우리의 소화력에 큰 도움이 됐다.

　우리의 우동투어는 가가와현 마지막 일정인 고토히라에서 끝났다. 고토히라궁 앞에 있는 전형적인 관광지 식당인 '곤피라우동'이 피날레를 장식했다. 우리는 8일 동안 여섯 곳의 우동 가게를 방문했으며 연속 기록은 5일로 끝났다. 1일 1우동에는 실패했지만 40대의 소화 기관으로 이 정도면 잘 버텼다고 본다. 면을 사랑하는 남자친구를 만나 강제로 우동투어에 참가한 자람이가 마지막 우동 가게에서 나오며 한마디를 던졌다.

　"이제 당분간 우동은 안 먹어도 되겠다."

요가
vs 웨이트 트레이닝

자람

12

"세쯔반다사나 파이브 브레쏘와 텐브레쏘 레이따."

세쯔반다사나? 순간 동작이 바로 떠오르지 않았다. 브리지 자세(등을 대고 누워 엉덩이를 위로 올린 자세)에서 고개를 살짝 돌려 앞에 있는 리센샹을 보았다. 아 '세투 반다아사나*'를 말하는 거구나! 뒷통수를 대고 누워 엉덩이를 들고 안타라반다(두 다리를 붙여 모은 자세)를 잡고 다리를 곧게 편 다음 가슴 앞에서 팔짱 낀 뒤 그 팔을 얼굴 뒤로 넘기며 앞 목을 시원하게 늘여 주었다. 우리는 각자의 접근 방식으로 아사나를 완성하였다.

사실 시원하게 늘이는 척이었다. 3년간 매운맛의 한국식 하타요가에 길들여진 몸이라 그런지 다카마쓰에서의 빈야사 수업은 조금 싱거웠다. 요 며칠 짠 일본 음식을 많이 먹었으니 싱거운 요가 수업

*세투 반다아사나: 세투(setu)는 다리, 세투 반다(setu bandha)는 다리의 건설을 뜻한다. 이 자세는 몸 전체가 활 모양을 이루는데 한쪽은 정수리가, 다른 한쪽은 다리가 지탱해 주기에 이 이름이 붙여졌다. (B.K.S.아헹가, 『요가 디피카』, 선요가(2007), 318p.)

이 오히려 몸에 적절한 균형을 가져다주는 것 같았다.

오늘은 여행의 전반부를 마무리하는 날이다. 우리는 내일 체력 보급기지인 '고토히라'에서 전열을 가다듬고 다음 날 마쓰야마로 이동하여 시코쿠 여행의 후반부를 시작할 것이다. 그래서 오늘 오전을 하프타임으로 정했다. 각자의 방식대로 휴식을 취하면 된다.

숙소 담당인 나는 예약할 때 나름의 기준이 몇 가지 있는데 요즘은 거기에 한 가지가 더해졌다. 바로 숙소 근처에 요가원이 있는지다. 물론 요가원 때문에 특정 숙소를 선택하는 주객전도의 현상이 발생한 적은 없지만 야시마의 'RYU 하우스'는 자전거로 5분 거리, 1km 내외에 요가원이 있다는 점에서 가산점을 받았다.

신기하게도 이 작은 동네에 3km 반경으로 요가원이 몇 군데 있다. 일본인들이 생활체육에 진심이라는 건 알았지만 동네 사람들이 다 함께 해변에서 '메르시 체조'를 하는 영화(『안경(Megane, めがね)』 (2007))의 장면 정도만 떠오를 뿐 요가를 하는 모습은 잘 그려지지 않았다. 그래서 더욱 호기심이 생겼다. 그리고 야시마는 쇼도시마, 나오시마, 리쓰린공원 등 다카마쓰의 굵직한 관광지를 모두 거친 후 휴식을 위해 선택한 곳이기 때문에 요가를 할 수 있는 물리적, 심리적 여유도 충분했다.

출발 2주 전에 근처 요가원 중 SNS가 있는 두 곳에 메시지를 보냈는데 출발 이틀 전 드디어 한 곳에서 답장이 왔다. 내가 야시마에 묵는 이틀 중 16일 토요일 오전에 수업을 들을 수 있다는 답변이었다.

네이버 예약하기를 통해 결제까지 한 번에 진행되는 한국의 예약 시스템과 다르게 당일 직접 와서 수업에 참여하고 현장에서 현금으로 결제를 하면 된단다. 이 아날로그 방식이 내심 불안하기도 했지만 그렇기 때문에 오히려 믿음이 갔다. 너무 일사천리로 진행되면 이상하게 불안을 느끼는 건 환이에게 옳은 버릇이다. 혹시 모를 상황에 대비하여 마음의 준비를 하고 차선책을 마련할 수 있다는 면에서 긍정적인 피곤함이지만 흠… 역시 피곤하다.

SNS 피드에 무심하게 몇 장 올라온 담백한 요가원의 모습이 맘에 들었다. 어려운 아사나 동작을 하고 있는 선생님의 사진이나 회원들로 꽉 찬 요가원 사진은 없었다. 일본 소도시의 요가원은 어떤 모습일까? 시간표에는 난이도 별 두 개의 빈야사 수업이라고 적혀 있었는데 일본식 요가는 좀 다르겠지? 나 말고 다른 외국인이 있을까? 아니면 현지인들과 함께 요가를 하는 건가? 아무런 정보가 없으니 오히려 설레었다. 토요일 아침 새로 산 요가복을 입고 자전거를 타고 요가원으로 향했다. 다다미방의 묵직한 요에 파묻힌 환이는 약간의 소음에도 쉽게 깰 것 같지 않은 모습이었다. 호스트 RYU의 귀여운 정원이 있는 집. 이 집 볼수록 맘에 든다.

밝은 갈색 단발머리에 웃을 때 약간씩 보이는 덧니가 매력적인 전형적인 일본인의 외향에 레깅스 위로 보이는 실루엣은 귀여운 얼굴과 다르게 탄탄해 보인다. 역시 요가로 단련된 몸은 다르다. 오늘 나에게 일본식 빈야사 수업을 알려 줄 리센 선생님과 반갑게 인사를

하였다. 역시 친절하다. 뜻밖의 외국인 손님의 등장에 조금 당황한 듯 수업 중에 왼쪽과 오른쪽을 몇 번씩 착각하기도 했지만 수업 분위기는 굉장히 화기애애했다. 수업에 함께 참여한 나츠에 상(가끔씩 수업을 들으러 오시는 동네 주민)과 중간중간 일본어로 대화하는 걸 보고 내가 동작을 틀렸나? 하고 생각했는데 나중에 수업이 다 끝나고 번역 앱으로 물어보니 오늘은 나 때문에 수다를 최대한 자제했다는 사실을 알았다. 중간중간 스몰토크와 웃음이 끊이지 않았던 이 시간이 이방인인 나에게 소외감보다는 따뜻함을 주었다. 타지의 작은 요가원 그리고 이곳 사람들과 함께한 요가는 몸보다는 마음을 채워 주는 시간이었다.

8시 40분에 집에서 나왔는데 시간은 이미 11시가 넘었다. 환이도 지금쯤이면 일어나 휴식을 즐기고 있겠지? 며칠 동안 짐 들기와 길 찾기, 거기에 자전거의 부담까지 더해져 분명 체력적으로 지쳤을 것이다. 환이는 절대 게으른 편은 아니지만 움직임을 최소화하여 에너지를 절약하는 '동면 동물' 같다. 최대한 가만히 있어 저장된 에너지를 천천히 소모하는 효율적인 생존 전략을 가지고 있다. 오늘만큼은 각자의 템포를 찾아가기로 했으니 환이도 이제 막 동면에서 깨어난 곰처럼 잠자리에서 일어나 몇 발자국 떨어진 곳에 앉아 있겠지? 아마 앉아서 노트북을 앞에 두고 손목과 손가락만 움직이고 있을 것이다. 그리고 내가 10시 반에 수업이 끝난다고 했으니 그쯤해서 나를 맞이할 준비를 하고 있을 것이다. 대문에 들어서니 역시 노트북을 앞에 두고 밖이 잘 보이는 주방 식탁에 앉아 문 쪽을 슬쩍 보고 있던 환이와 눈이 마주쳤다. 자전거를 능숙하게 타고 들어오는 나를 약간 우러러보는 표정이었다.

내가 요가에 빠질 무렵 환이는 웨이트 트레이닝에 빠져 있었다. 꽤 오래전부터 했다 안 했다를 반복하긴 했지만 5~6년간 꾸준히 한 운동이라면 축구 말고는 웨이트가 유일하다. 나도 재작년 튀르키예 여행 전후로 6개월 정도 P.T를 받은 적이 있는데 이 무거운 걸 왜 들어야 하지? 아니 무게를 더 얹는다고? 하면 할수록 이 운동의 방식이 맘에 들지 않았다. 차라리 요가처럼 내 몸을 드는 게 더 좋았다. 웨이트 트레이닝이 환이의 성향에 맞는 것도 어쩌면 동면 동물의 습성이 아닐까란 생각이 든다. 한정된 공간에서 정해진 만큼만 움직이면 되는 운동. 과한 움직임이 오히려 해가 되는 운동. 환이는 이제 선생님 없이 스스로 시퀀스를 짜서 운동을 할 수 있는 수준이 되었다 물론 몸은… 아니다. 그래서 이 운동에 대한 나의 신뢰도가 살짝 떨어진 건 비밀이다. 요즘도 가끔 환이의 티칭을 받으며 함께 웨이트 트레이닝을 한다. 요가는 도저히 함께 할 수 없을 것 같아 내가 환쌤의 제자가 되는 편이 서로에게 낫겠다고 판단했다. 환이도 내가 못하는 걸 가르칠 때 은근히 뿌듯해하는 눈치라 나도 더 열심히 배우고 있다.

'운전, 스키, 웨이트 트레이닝' 지금까지 환이에게 배운 것들이다.

특히 운전이나 스키는 환이가 몸을 쓰는 것 중에 가장 자신 있어 하는 거라 나도 온전히 선생님을 믿고 (생명을) 맡겼다. 새로운 것을 시도해 보거나 처음 해 보는 걸 워낙 좋아해서 나는 환이에게 배우는 것이 참 재미있다. 특히 운전은 가족이나 지인에게 배우는 게 아니라고 하지만 딱 한 번 주차 때문에 가볍게 싸운 것 빼고는 (유튜브 촬영 때문에 싸운 것이지 운전 때문은 아니었다. 하지만 그 영상은 바로 영구 삭제되었다.) 그는 매우 젠틀한 선생님이었고 나는 꽤 나이스한 학생이었다. 물론 나 역시 자전거 선생님으로서 핵심을 알려 주는 일타강사 뺨쳤지?

우리가 같이 배운 것 중에 주위 사람들을 가장 놀라게 했던 건 바로 '수영'이었다. 남자친구와 함께 수영을 배운다는 사실이 꽤 충격적이었던 모양이다. 그도 그럴 것이 일단 비주얼부터 내려놓아야 한다. 실내수영장에서는 비키니나 예쁜 수영복은 사치이다. 나는 레슬링복처럼 생긴 반신 수영복을 입었고 환이는 주변 사람을 의식해 실내수영장에서도 절대 긴팔 상의를 벗지 않았다. 거기에 수영모까지 더해지면 이곳은 잠실종합운동장이 아니라 동해바다가 되고 우리는 그 안을 헤엄치는 오징어가 된다. 그래도 시야를 가려 주는 물안경 덕분에 우리는 서로를 흐린 눈으로 볼 수 있었다. 우리는 그 꼴로 1년간 함께 수영을 배웠다. 고난의 시간이었지만 4가지 영법을 모두 마스터했다. 그리고 이 일을 계기로 우리는 주변인들에게 '진짜 사랑하는 사이'라는 타이틀을 얻었다. 왜 사람들이 남자친구와 함께

수영을 배웠다고 하면 "와! 진짜 사랑하나 보다."라고 말하는시 알 것 같지만 딱히 인정하고 싶지는 않았다.

11년 동안 이어진 연애는 정말 많은 것을 함께하게 한다. 서로 못 하는 것들을 가르쳐 주고 같이 못 하는 것은 함께 배우다 보면 어느새 취향이 비슷해진다. 그리고 둘 중에 한 명이라도 싫어하는 건 같이 안 하게 되니 이런 이유로 오랜 사귄 커플이나 부부를 보고 서로 닮아간다고 하는 건가 보다. (그래도 동면 동물이 되고 싶지는 않아!) 사실 이전까지는 '여행'을 우리가 둘 다 좋아하는 비슷한 취미 정도로

생각했다. 하지만 여행을 하면 할수록 우리가 함께 배운 것들과 서로에게 배운 것들이 모여 '우리만의 여행'을 완성해 가고 있다는 생각이 들었다. 여행의 전반부가 끝나고 찾아온 하프타임. 이제야 조금씩 우리가 찾는 '뭔가'가 선명해지기 시작했다.

위기 危機

위험한 고비나 시기.

우린 지금
체크인과 체크아웃의 굴레에 빠졌어

자람

13

　이번 여행에서는 체크인과 체크아웃을 최소화하기 위해 노력했다. 무엇보다 체력 이슈가 가장 컸다. 재작년 튀르키예 여행에서 우리는 긴 비행시간과 무리한 이동 그리고 잦은 환승으로 인해 체력이 바닥났었다. 결국 돌아오는 경유지인 카자흐스탄 호텔방에서 나는 8시간 동안을 끙끙 앓았고 환이는 그 옆에서 안절부절하다 겨우 인천행 비행기를 탔다. 이 사건은 우리 여행에 길이 남을 흑역사가 되었다. 1년 후 같은 실수를 반복하지 않기 위해 이번 여행은 자주 이동하지 말고 한곳에 오래 머물기로 다짐했다. 하지만 도시 이동과 숙소 예산 문제로 인해 우리는 이번에도 6번의 이사를 하게 되었다. 오늘은 4번째 이사하는 날이자 도시 간의 이동이 있는 날이다. 이동을 하는 날에 환이는 아침부터 분주하다. 짐을 들고 이동하는 것 자체가 여행 중 발생하는 사건 사고의 빌미를 제공하기 때문에 사전에 가는 길과 환승 경로를 꼼꼼하게 체크한다. 그리고 거대한 캐리어와 백팩, 크로스백까지 이고 지고 집을 나서면 10분 만에 환이의 땀구멍이 오픈된다.

이사 횟수로 따지자면 환이는 프로급이다. 스무 살에 고향을 떠나 서울 이곳저곳을 전전하며 18년 동안 이삿짐을 싸고 푼 것만 몇 번일까? 하지만 그동안 한 번도 서울을 자신의 근거지라고 느껴 본 적이 없다고 했다. 월세나 전세라는 계약 방식 때문일 수도 있고 가족과 함께 살지 않았기 때문에 우리가 '집'이라고 생각하는 단어에 기대하는 감정들. 이를테면 안정감이나 온기와 같은 것들이 빠져 있었기 때문일 것이다. 그렇게 18년을 불완전한 집에서 살다가 3년 전에 내가 30년 넘게 살고 있는 인천으로 이사를 왔다. 이사를 넘어선 도시 간의 이동인 셈이다.

환이가 인천에서 첫 집을 계약할 때 동행했다. '마계 인천'이라는 말이 있을 정도로 외부인들이 보기에 인천은 만만한 지역이 아니다. 각종 사건 사고의 중심지인 인천에서 나는 환이에게도 '집'이 주는 감정적인 요소들을 느끼게 해 주고 싶었다. 하지만 온기를 느끼기에 현실은 냉혹했다. 첫 번째 집부터 전세금 반환 문제로 1년간 속앓이를 했다. 계약 당시 만났던 중절모를 쓴 신사는 2년 만에 돈 없으니까 배 째라는 철면피로 변해 있었다. 비슷한 시기에 인천 전세사기 일명 '건축 왕' 사건이 터지고 시끄러울 때라 불안하기도 하고 화도 났다. 결국 소송까지 간 전세보증금 반환 사건은 우리가 시코쿠로 떠나기 2주 전에 마무리되었다. 다행히 다카마쓰의 조용한 거리에서 고성이 오가는 국제전화를 하는 일은 발생하지 않았다. 안정감과 온기는커녕 등골이 서늘한 일이었지만 그래도 환이는 내가 가까이에 있어 소화불량과 식도염 없이 이 시기를 견딜 수 있었다고 했다.

환이가 인천으로 이사를 오면서 우리 관계에도 크고 작은 변화가 생겼다. 일단 얼굴을 보는 횟수가 늘었고 만났을 때 데이트다운 무언가를 해야 한다는 부담도 줄었다. 11년째 반복돼 온 "오늘 뭐 할까?", "글쎄?"의 무한 굴레에서 벗어나게 된 것만으로도 후련함을 느낄 수 있었다. 결혼이 아니면 끝나지 않을 것만 같았던 우리의 긴 연애가 이제 연애와 결혼 그 중간쯤에 어디를 지나고 있는 것 같다. 하지만 여기에도 한 가지 단점이 생겼다. 환이가 웬만하면 인천을 벗어나려고 하지 않는다는 것이다. 그렇게 환이는 점점 인천 지박령이 되어 가고 있다.

짧은 시간 머물렀지만 야시마 'RYU 하우스'는 둘이 함께 발을 넣고 몸을 녹였던 코타츠처럼 따뜻했다. 이곳에서 우리는 '집'이 주는 온기를 느낄 수 있었다. 함께여서 더 따뜻했던 건지 코타츠의 열기 때문이었는지는 모르겠지만 주인 부부와 마지막 인사를 나누고 이 집을 나서는데 문득 우리가 앞으로 함께하게 될 이사는 어떨지 우리가 함께할 집에 온기는 어떨지 궁금해졌다. 인천에서 환이의 세 번째 집에는 내가 함께일까? 우리는 'RYU 하우스'를 떠나 시코쿠에서 우리의 네 번째 집을 향해 발걸음을 옮겼다.

고토덴은 다카마쓰 시내를 다닐 때 가장 자주 타게 되는 3칸짜리 작은 열차인데 우리는 아시마에서 고토덴을 타고 종점에 해당하는 고토히라까지 이동할 예정이다. 일본의 행정구역 분류상 다카마쓰는 시이고 고토히라는 나카타도군 하위에 있는 정이다. 훨씬 더 작은 시골이라는 의미이다. 하지만 고토히라궁이라는 꽤 유명한 신사가 있는 온천 관광지라서 행정구역상 작을지라도 관광객들이 많이 찾는 곳이다. 실제로 우리가 탄 고토덴의 정식 명칭이 다카마츠-고토히라 전기철도라는 것만 봐도 알 수 있다. 열차가 작다 보니 기관사실이 잘 보여 기관사님이 열차를 멈추고 창밖에 신호를 보낸 후

　다시 출발하는 루틴이 5번쯤 반복되는 동안 멍하니 그 모습을 지켜보았다. 그러는 사이 열차는 어느새 고토히라에 도착하였다. 종착점에 온 우리는 이제 더 이상 고토덴을 탈 일이 없기 때문에 고토히라역에서 이루카 카드를 반납하였다. 이제야 여행의 절반이 지났다는 것이 실감 났다. 우리의 여행이 이제 반환점을 돌았다.
　고토히라는 다카마쓰와 마쓰야마라는 메인 여행지 사이에 잠깐 쉬어 가는 느낌으로 넣었다. '여행 속의 여행'이라는 표현이 맞을까? 이곳은 온천 관광지답게 오래된 중저가 호텔부터 고급 료칸까지 다양한 숙박 시설이 있는데 우리는 예산 때문에 고토산가쿠라는 중저가의 호텔을 예약했다. 이번 여행에서 유일한 호텔인데 딱 수안보 있는 관광호텔을 생각하면 된다. 일본식 다다미방의 룸 타입은 다다미 특유의 쿰쿰한 냄새(약간 우동국물 냄새)가 났고 세월의 흔적이 느껴졌지만 대욕장도 있고 저녁으로 가이세키 요리까지 나온다. 그리고 호캉스의 꽃인 조식도 포함되어 있으니 지금 우리에게 딱 필요한 숙소라는 생각이 들었다. 본격적인 호캉스 전에 가볍게 고토히라를 둘러볼 겸 도착하자마자 짐을 맡기고 고토히라궁으로 향했다.

고토히라궁은 바다의 신인 곤피라를 모시는 신사를 총괄하는 곳으로 관광객뿐 아니라 일본인들도 많이 찾는 명소이다. 본전까지 785개, 내궁까지 1,368개의 계단을 올라야 곤피라 신사를 볼 수 있다. 가기 전에 계단을 많이 올라야 한다는 정보 정도는 알고 있었지만 나는 대수롭지 않게 생각했고 환이는 올라가기 전부터 땀 흘릴 걱정을 했다. 나는 그런 환이를 토닥이며 가벼운 스텝으로 계단을 올랐다. 그런데 계단이 생각보다 가팔랐다. 본전까지 가는 785개의 계단은 오를 만했는데 문제는 본전에서 내궁까지였다. 초입에서 가졌던 패기 따위는 이미 사라졌다. '이럴 줄 알았으면 입구 쪽에 있던 상점에서 100엔에 빌려주는 대나무 지팡이라도 가져올걸…' 하는 후회가 밀려왔다.

내궁까지 올라갈 것인가 말 것인가 우리는 선택의 기로에 섰다. 이미 올라갔다가 내려오는 사람들이 땀범벅이 된 걸 보고 그냥 갈까 고민을 했지만 우리는 손으로 무릎을 짚고 틈틈이 곡소리를 내며 결

국 1,368개의 계단을 올랐다. 고토히라궁은 마치 높은 곳에 숨겨져 있어 오랜 시간 동안 사람들이 찾지 못한 비밀의 정원 같았다. 이끼도 나무들도 역사 속에서 방금 나온 비현실적인 숨소리를 뿜어냈다. 한마디로 신비하고 멋진 신사였다. 하지만 내 종아리는 이곳이 현실이라는 걸 알려 주듯 걸을 때마다 당겨 왔다. 내려올 때는 관절에 무리가 가지 않게 게걸음으로 한 발 한 발 천.천.히 내려왔다. 산에서 내려올 때 새끼 망아지처럼 뛰어 내려오던 어린 시절 우리는 이제 없다. 행여나 삐끗할까 봐 서로 옷깃을 잡아당기며 수시로 브레이크를 걸었다. 상점가에 도착하자마자 홀린 듯 말차아이스크림 가게로 들어가 앉아 멍하니 고개를 들어 우리가 내려온 계단을 바라보았다. 고개는 자연스럽게 좌우로 절레절레 저어졌다.

아침마다 살뜰히 챙겨 먹었던 비타민과 홍삼도 2,000개의 계단 앞에서는 그 효력이 무색했다. 갈기갈기 찢긴 체력을 겨우 주워 담아 일단 방으로 들어왔는데 나도 모르게 다다미 방바닥에 겨우 수습한 몸뚱이를 던져 버렸다. 벌러덩 누운 채 서로 모르게 30분쯤 잠이 들었는데 잠이라기보다는 거의 기절에 가까웠다. 깨어 보니 해는 어느새 뉘엿뉘엿 지고 있었다. 이사에 등산까지 한 고된 하루가 그렇게 끝이 났다. 우리는 그날 저녁으로 가이세키 코스요리에 추가 주문한 삿포로 생맥주 300cc를 마시고 취해 9시에 다시 잠이 들었다. (3,000cc가 아니라 300cc가 맞습니다.) 내일은 또 체크아웃과 체크인이 있는 날이다.

*우린 결혼식 대신
여행을 선택한 거잖아*

환

14

  숨이 턱 밑까지 찬 상태로 고토히라궁 정상에 도착했다. 무릎을 잡고 숨을 헐떡이다 고개를 드니 궁의 가장 중요한 건물로 추정되는 공간이 있었다. 조선 시대 궁궐로 치면 왕이 신하를 아래 두고 내려다보는 곳인 정전과 비슷했다. 이곳에선 일본 전통 복장을 입은 한 쌍의 남녀와 서양식 정장을 입은 한 무리가 차분하게 앉아 특별한 의식을 진행하고 있었다. 결혼식이라는 걸 눈치채기까지는 오랜 시간이 걸리지 않았다. 20여 명이 모인 걸로 보아 가족끼리 진행하는 조촐한 결혼식인 건 분명해 보였다. 남의 결혼식을 훔쳐보는 것 같은 느낌이 들어 몸을 왼쪽으로 돌려 궁의 안쪽으로 들어갔다. 그런데 공교롭게도 결혼식을 마친 가족들이 우리가 가는 방향 쪽으로 이동했다. 궁 안쪽으로 연결된 나무로 만들어진 다리 위를 가족들이 천천히 걸어갔다. 마치 행진하는 듯했다. 나와 자람이는 땅에서, 결

혼식을 마친 가족들은 나무다리 위에서 같은 방향을 바라보고 걸었다. 다리의 끝에 먼저 다다른 우리는 밝은 표정으로 걸어오는 부부, 조카로 추정되는 어린 아기의 칭얼대는 모습, 표정 변화가 없는 근엄한 부모님 등을 올려다봤다. 그들은 너무 느리지도 빠르지도 않게 나무다리를 통해 이동했다. 마치 일본 영화의 한 장면을 보는 듯했다.

나와 자람이는 일 년에 한두 번쯤 결혼에 관한 이야기를 나눈다. 정확하게는 결혼식이다. 함께 결혼식에 갈 일이 있을 때나 누군가가 결혼한다는 소식을 전했을 때 이 주제가 등장한다.

"결혼식은 안 해도 될 것 같아."

"나도 안 해도 돼."

'언제 결혼을 하자.' 혹은 '우리도 결혼을 생각해 볼까?' 등의 대화는 오가지 않은 채 결론부터 내려 버리는 게 우리가 결혼식을 대하는 태도였다. 처음에는 "안 해도 될 것 같아."였지만 이제는 "결혼식은 안 해."로 바뀌었다. 결혼을 약속하지도 않았는데 결혼식 이야기를 하는 우리의 모습이 이상하게 보일 수도 있다. 하지만 결혼식 이야기를 하는 것 자체가 결혼을 전제로 한다는 우리만의 암묵적 약속이 밑바닥에 깔려 있었던 것 같다. 나만 그랬나? 어쨌든 서로에게 부담이 될 수 있다는 생각 때문인지 아주 가끔 결혼식에 대한 생각을 공유했다. 주변 친구들은 "그래도 결혼식은 해야지."라며 훈수를 뒀지만 우리의 생각은 시간이 흐를수록 확고하게 굳어졌다. 결혼식 대신 여행을 다니는 걸로 말이다. 고토히라궁 정상에서 본 조촐한 결혼도 괜찮은 방식이라는 생각을 했다. 너무 공개된 장소라는 점을 제외하면 가족끼리 모여 차분한 분위기 속에 축하하는 것도 의미가 있어 보였다. 대략 5~6년 전쯤이었다면 이 주제는 우리 사이에 매우 심각하게 다뤄졌을 수도 있다. 하지만 이제는 이미 결론이 나 버린 시시한 토론이다. 우린 그저 일본 결혼식이 신기할 뿐이었다.

그렇다고 내가 결혼식 반대주의자는 아니다. 친구 결혼식에 가면 언제나 기분이 좋아진다. 친구의 다양한 표정을 볼 수 있어서다. 평소보다 훨씬 환하게 웃거나 극도로 긴장한 친구를 보면 내가 아는 사람 맞나 싶어서 그 상황 자체가 재밌다. 가끔 부모님을 마주하고 울컥하는 친구를 보면 나도 감정이 올라온다. 때로는 유쾌하게 때로는 감동적으로 느껴지는 친구의 결혼식은 여전히 기대되는 행사다. 자람이 역시 친구 결혼식을 매우 중요한 이벤트로 생각한다. 우리 모두 마흔이 되면서 친구의 결혼식이 사라지고 있어 아쉬울 뿐이다. 하지만 분명한 건 내가 그 자리에 어색하게 서 있는 고장 난 주인공이고 싶진 않다는 것이다. 친구들의 따뜻한 축하 한마디면 충분할 것 같다. 나이가 들면서 나와 자람이가 고민 중인 결혼의 방식에 대해 이해해 주는 사람들이 늘어났다. 그러면서도 "그럼 결혼식 대신 뭐 할거야?"라는 질문에는 아직 답하지 못했다. 늘 그렇듯 우리는 조금 느리게 답을 찾아 갈 것이다. 그게 우리 방식이니까. 수줍게 웃으며 다리를 건너던 일본인 신혼부부를 올려다보며 '우리도 뭔가 이루어지는 날에는 저렇게 수줍은 표정일까'라는 생각이 들었다. 여행의 절반이 지난 오늘은 자람이와 함께 우리가 할 그 '뭔가'에 대해 한번 이야기해 볼까 싶었지만 2,000개의 계단을 다시 내려가야 했기에 그 질문은 다음으로 미뤘다.

 다음 날 고토히라를 떠나기 위해 역으로 향했다. 전날까지 흐렸던 날씨는 우리의 개운해진 몸 상태처럼 화창해졌다. 높은 하늘, 적당한 구름, 고토히라 주변을 둘러싼 산이 우리를 기분 좋게 만들었다. 그 풍경에 빠진 우리는 한동안 역 앞에서 사진을 찍었다. 온천으로 체력을 충전한 덕분에 사진과 영상 촬영에 대한 열정이 충만했

다. 역 안에서는 '시코쿠 만나카 센넨모노가타리'라는 이벤트 열차를 볼 수 있었다. 가가와현 주변을 돌면서 코스 요리를 즐길 수 있는 기차라 관광객들에게 인기가 많다고 했다. 얼마일까, 밥은 맛있을까 등의 이야기를 하며 기차를 구경하다 갑자기 정신이 번쩍 들었다. 우리가 탈 기차는 왜 안 오는 걸까. 싸한 느낌이 온몸을 감쌌다. 급하게 역무원에게 뛰어가 티켓을 보여 주자 반대편에 있는 플랫폼을 손가락으로 가리켰다. 우리가 타려고 했던 시간대의 기차는 이미 출발한 뒤였다. 고토히라에서 마쓰야마로 가기 위해서는 다도쓰역에서 환승을 해야 한다. 걱정이 많은 나는 환승 시간을 20분 이상으로 넉넉하게 해 두고 기차를 타려고 했다. 다도쓰역에 대한 정보가 없어 변수를 줄이고 싶었다. 그런데 고토히라역에서 기차를 놓치는 바람에 우리에게 주어진 환승 시간은 3분으로 줄어 버렸다.

"3분 안에 환승 가능할까?"
"3분이면 충분하지 않아?"

반응은 극명하게 갈렸다. 나는 급하게 다도쓰역을 검색해서 플랫폼의 생김새를 살펴보기 시작했다. 내리자마자 뛸 생각이라 정확한 방향으로 가는 게 중요하다고 판단했다. 자람이는 뭘 그렇게까지 알아보냐고 했다. 환승에 실패하면 마쓰야마 도착 시간이 늦춰지고 차량 렌트 시간과 에어비앤비 체크인 시간까지 영향을 받는다고 생각

하니 견딜 수가 없었다. 다도쓰역에 멈춰 서기 전까지 긴장을 늦추지 않았다. 상상 속에서 시뮬레이션을 돌리던 나만의 환승 대작전은 허무하게 끝이 났다. 다도쓰역은 짧은 철로가 3개 나란히 있는 정말 작은 역이었다. 다른 플랫폼으로 이동하는 건 1분이면 충분했다. 서울역에서 인파를 뚫고 환승하는 모습을 그렸던 나는 머쓱해졌다. 우리는 1분은커녕 30초 만에 환승 플랫폼에 도착했다. 미리 걱정한 자의 최후는 대부분 이런 식이다.

마쓰야마로 가는 기차는 시쿠코 지역 북쪽 해변에 바짝 붙어서 간다. 마치 철로에 물이 들어올 것 같은 착각이 들 정도다. 바다에 반

사된 강한 햇빛이 창을 통해 들어오자 잠시 멈췄던 여행의 설렘이 다시 샘솟기 시작했다. 마쓰야마에서 렌트를 해서 이요시로 갈 계획이었는데 유명하지 않은 시골 마을에 대한 로망이 있던 우리는 새로운 환경에 대한 걱정보다 기대감이 더 컸다. 이요시는 한국 관광객들이 1시간 정도 잠깐 '찍먹' 하는 곳이다. 시모나다역에서 바라보는 바다 풍경이 전부다. (앞으로 이요시를 대중적인 역 이름인 시모나다라고 표현하겠다) 그런 곳에서 우리는 2박을 하기로 했다. 남들이 잠깐 들렀다 가는 곳에서 3일이나 머문다는 묘한 자부심이 생겨났다.

반전 反轉

위치, 방향, 순서 따위가 반대로 됨. 또는 일의 형세가 뒤바뀜.

우리가 함께 보았던 별 중 가장 빛났던 오늘

환

15

자람이는 숙소 고르기에 진심이다. 합리적인 가격의 숙소에서 지내고 싶은 마음이 가장 크지만 딱 맞는 곳을 찾는 과정 자체를 즐기는 것 같기도 하다. 열심히 검색해서 기준에 부합하는 숙소를 찾았을 때 느껴지는 쾌감에 중독된 것일 수도 있다. 맨 처음에는 저렇게까지 열심히 찾을 필요가 있을까 싶었다. 조금 덜 비싸고 깨끗해 보이기만 하면 괜찮다고 생각했다. 그런데 여행을 자주 다녀 보니 숙소 컨디션이 여행 전체의 성공과 실패를 좌우한다는 걸 알게 됐다. 깨끗해 보이면 안 되고 깨끗해야 한다. 덜 비싼 게 아니라 시설 대비 가격이 합리적이어야 한다. 이제는 내가 더 극성이다.

처음에는 시모나다에서 2박이나 할 계획이 없었다. 마쓰야마라는 큰 도시를 두고 교통이 불편한 바닷가 마을로 갈 이유가 없어서다. 그래서 몇 주 동안 마쓰야마의 에어비앤비를 둘러봤다. 괜찮은 숙소가 보였지만 결정적인 단점이 하나씩 있었다. 가격, 화장실, 침대, 위치 등 우리에게 선택받지 못한 이유는 다양했다. '마쓰야마'라는 단어로 검색한 숙소는 2% 아쉬웠다. 호텔을 예약하는 게 가장 쉬웠지만 이번 여행 콘셉트에 충실하기 위해 그러지는 않기로 했다. 이럴 땐 에어비앤비 사이트에 있는 지도를 열어 더 넓게 살펴보는 게 우리만의 방법이다. 마쓰야마 도심에서 외곽으로 마우스를 드래그했다. 서쪽 바닷가를 쭉 따라 내려가다 시모나다를 찾게 됐다. 마침 당일치기로 잠깐 들를 계획이었던 곳이었다. 주변에는 에어비앤비 숙소가 띄엄띄엄 서너 개쯤 있었다. 그중 유독 파란 벽이 대표 사진으로 되어 있는 숙소가 눈에 들어왔다. 최종 가격이 1박에 13만 원이라 합리적이라는 생각이 들었다. 넓은 거실이나 예쁜 침실을 대표 사진으로 해 두지 않아 눈길이 간 것도 있다. 거실에서 침실로 들어가는 벽과 문 전체에 바다와 돌고래 그리고 열대어 여러 마리가 그려져 있었다. 아이들을 위한 곳이라고 하기에는 고즈넉한 침실과 온도 차이가 너무 컸다. 우리는 그 숙소를 '돌고래 집'이라 부르며 며칠을 고민했다. 처음에는 커다란 파란 벽을 2박 3일 동안 견딜 수 있을지에 대한 확신이 없었다.

    돌고래 집은 공직에서 은퇴한 1950년대생 어머니가 어릴 적 살던 집을 리모델링해서 만들었다고 쓰여 있었다. 호스트 오모리 (Omori) 상의 프로필은 꽃 사이에서 활짝 웃고 있는 전형적인 우리 어머니의 모습이었다. 어르신들 프로필은 만국 공통이라는 생각과 함께 왠지 믿어도 괜찮을 것 같다는 생각을 했다. 계속 사진으로만 보다 보니 저 파란 벽을 실제로 보고 싶어졌다. 호기심을 불러일으킨다랄까. 결국 우리는 돌고래 집을 위해 차량 렌트까지 추가했다. 마쓰야마는 조금 뻔할 수 있으니 시모나다에서 2박을 하자는, 자람이의 상당히 '홍대병'스러운 발상을 한 스푼 추가했다.

"거봐. 숙소는 나만 믿으면 된다니까."

오모리 상이 집 소개를 해 주고 떠나자 자람이가 의기양양하게 말했다. 동의할 수밖에 없었다. 유치할 것 같았던 파란 벽도 예상했던 것보다 집안 분위기와 잘 어울렸다. 침실은 사진대로 아늑했으며 화장실도 제법 컸다. 특히 간단한 조식이 준비돼 있었다. 요거트, 우유, 식빵, 조각버터 그리고 3가지 맛의 잼이 냉장고 안에 가지런히 놓여 있었다. 오모리 상이 자랑스럽게 냉장고를 열면서 설명하는 모습을 보며 저건 물어보나 마나 수제 잼이라고 확신했다. 또 흥미로운 건 숙소 안에 있는 물건의 색이 한결같다는 점이었다. 컵, 접시, 행주, 슬리퍼 심지어 화장지와 세면대까지 파란색이 어떤 방식으로든 들어가 있었다. 시골에 계신 어머니가 가끔 오는 자식을 위해 공간을 마련하면서 본인의 취향을 가득 넣어 둔, 그런 집이었다.

오모리 상은 날이 어두워지면 조명을 끈 다음 의문의 리모컨을 눌러 보라고 했다. 우린 해가 지자마자 오모리 상의 지시에 따라 불

을 모두 끄고 리모컨 버튼을 눌렀다. 그러자 천장 전체에 보랏빛이 들어오더니 형광빛 별이 반짝반짝 빛나기 시작했다. 집을 리모델링 하면서 회심의 카드로 시공해 둔 듯했다. 유독 높았던 층고 덕분에 진짜 하늘에 별이 떠 있는 것 같았다. 그 천장은 돌고래와 열대어가 헤엄치는 벽과 이어져 동화 속에 들어온 것 같은 분위기를 만들었다. 체크인할 때 보여 주면서 자랑하고 싶었지만 밝을 때라 그러지 못했던 오모리 상을 생각하니 미소가 지어졌다.

  우리는 여행 절반을 잘 소화했다는 안도감과 이곳에서는 특별한 걸 하지 않아도 될 것 같은 느낌이 더해져 모든 걸 내려놓고 편한 시간을 보냈다. 관광객이 잘 머물지 않는 작은 바닷가 마을에서도 에어비앤비를 통해 현지인 집을 빌릴 수 있음에 감사했다. 우리는 먼 훗날 에어비앤비를 운영해 보자는 이야기를 종종 나눈다. 숙소에 도착해서 구석구석 사진을 찍어 두는 자람이의 습관도 미래를 위한 준비 중 하나다. 숙소 선정에 가장 많은 시간을 할애하는 이유도 이 때문이다. 우리가 10년 뒤쯤 에어비앤비 숙소를 운영한다면 오모리 상이 천장에 설치한 형광 별을 한번 고려해 볼 수 있지 않을까 싶었다. 천장에 붙은 형광별을 올려다보다 문득 진짜 별이 보고 싶어졌다. 우린 날카로운 바닷바람에도 불구하고 창을 열어 밤하늘을 올려다봤다. 시모나다의 하늘엔 진짜 별들이 반짝이고 있었다. 자람이는 잠옷을 입고 나가 추위에 벌벌 떨면서 한참 동안 별 사진을 찍었다. 나는 히터로 데워진 따뜻한 실내에서 자람이의 모습을 찍었다.

'이런 게 행복이지 별거 있나. 서로 기록하고 기억하며 함께 살아가는 거지 뭐.'

우리가 함께 달린 10만km 중 가장 아름다웠던 오늘

자람

16

'우회전 크게 돌고 좌회전 작게 돌기, 왼손은 거들 뿐이고 깜빡이는 오른손으로!'

해안 도로를 빠져나오자마자 마주친 교차로에서 습관적으로 왼손을 움직이니 깜빡이 대신 와이퍼가 움직인다.

'아 왼손이 아니지…!'

2019년 퇴사하고 새로운 일을 시작하기 전에 처음 한 일이 바로 운전면허 취득이었다. 내가 남들보다 늦게 면허를 딴 데에는 환이의 탓이 컸다. 이야기는 2005년, 1회차 만남으로 거슬러 올라간다. 그 시절 우리는 서울과 인천을 오가는 중거리(?) 연애를 하고 있었

시모나다 드라이브 코스

다. 용산역에서 22시 45분에 주안행 급행 막차를 타고 나를 집까지 데려다주면 환이는 늘 아슬아슬하게 다시 서울행 막차를 타야 했다. 풋풋했던 그 시절만의 낭만도 좋았지만 그때도 효율성을 중요하게 생각했던 환이는 차만 있다면 아낀 시간과 거리만큼 우리가 더 가까워질 수 있을 거라고 확신했던 것 같다. 그래서 산업기능요원으로 일하며 모은 돈으로 300만 원짜리 중고차 '소리 없이 강한 레간자'

를 샀다. 그건 스물한 살에게는 혁명과도 같은 결심이었다. 그때 그 레간자로 보문동에서 밤늦게 과외 아르바이트를 마친 나를 기다렸다가 인천까지 데려다주던 환이는 10년 후, 두 번째 만남에서도 삼성동에서 야근을 마친 나를 기다렸다 인천까지 데려다주는 일을 반복했다. 그렇게 연애 기간 내내 서울과 인천 왕복 100km를 성실히 달렸다. 내가 운전을 한다고 했을 때 환이는 기꺼이 운전 스승님이 되어 주었다. 애지중지 키운 새끼를 보조석에서 독립시키는 어미새처럼 그렇게 걱정을 한가득 담아 나를 가르쳐 주었다.

오늘 나는 당당히 국제면허증을 들고 여행지에서 첫 운전에 도전한다. 그것도 일본에서 우핸들 운전이라니! 이 정도면 스승님은 감동의 눈물이라도 흘려야 하는 거 아닌가?

하지만 환이는 어색하게 핸들이 없는 왼쪽 보조석에 앉아 괜히 애꿎은 무릎만 만지작거린다. 아마도 손바닥에 땀이 났나 보다.

길게 뻗은 해안 도로를 직진으로 달릴 때까지는 좋았는데 교차로에서 회전을 할 때에는 역시 우핸들이 어색하다. 솔직히 말해 어색보다는 불안했다. 그래서 환이는 진심을 다해 "우회전 크게, 좌회전 작게"를 외쳐 주었다. 그 덕분에 마주 오는 차와 정면으로 마주치는 일 없이 무사히 나에게 주어진 20분의 드라이브를 마쳤다. 만약 운전면허 3차 시험으로 해외 도로주행 시험이 있다면 시모나다의 해안도로는 성말 끝내주는 코스가 될 것이다. 하늘과 바다의 경계가 모호할 정도로 푸르게 맞닿아 있는 수평선 위를 달리다 보면 '와 운

전할 맛 난다!'라는 소리가 절로 나온다.

그렇게 시모나다의 해안도로를 시원하게 달려 오늘의 첫 번째 목적지인 오즈성으로 향했다. 역시 바깥 풍경을 감상하기에는 운전석보다는 보조석이 좋다. 강제 교체가 아닌 자진 교체로 운전자를 바꾼 후 나는 며칠 전 영화에서 본 오즈성의 모습을 놓치지 않기 위해 차창 밖의 풍경에 집중하였다.

"어! 이제 나올 거 같아! 저거 오즈성인가?"
"아냐 아직 3km 더 남았어."

초록색 철길 너머로 보이는 오즈성의 모습, 그리고 그 타이밍에 맞추어 기가 막히게 지나가는 열차! 이게 딱 내가 영화에서 본 오즈성의 모습입니다. 오늘은 이걸 눈으로 직접 보는 게 목표다.

이틀 전 다카마쓰 숙소에서『스즈메의 문단속(Suzume)』(2023)이라는 영화를 보았다. 한국에서 마니아층을 형성할 정도로 흥행한 영화이지만 평소 애니메이션에 큰 관심이 없어 딱히 볼 생각은 안 했는데, 이 영화가 우리의 다음 목적지인 마쓰야마가 있는 에히메현을 배경으로 한다는 (거짓) 정보에 홀려 유료 VPN까지 결제하여 영화를 보았다. 여행 중에 여유롭게 영화를 보다니 항상 일정에 쫓기는 여행만 하던 우리에게도 꽤 의미 있는 일이었다.

'우리가 가게 될 마쓰야마는 어떤 곳일까? 이 영화에서 마쓰야마는 어떻게 그려질까?'

유명한 애니메이션이라고 하는데 제목만 봐서는 전혀 감이 오지 않았다. 문단속이라니? 환이는 분명 문단속을 안 해서 벌어지는 미스터리 추리극을 기대했을 것이다. 영화 시작 10분 만에 우리의 예상과는 전혀 다른 스토리라는 걸 알아차렸지만 영화가 끝나기 10분 선까지도 '마쓰야마가 더 나오는 건가?' 하는 바보 같은 기대를 놓지 못했다.

 영화는 무척 좋았고 누군가의 인생 영화 반열에 오르기에도 손색이 없었다. 하지만 우리의 기대와는 달리 미쓰야마기 속 힌 에히매현은 방심하면 놓칠 정도로 아주 잠깐 등장하는 게 전부였다. 오늘 아침 우리가 차를 타고 달리며 보았던 시모나다의 바다처럼 그렇게 영화 속 주인공의 여정에서 잠깐 스치는 창밖의 풍경이었다.
 『미드나잇 인 파리(Midnight in Paris)』(2012) 속의 파리, 『중경삼림(重慶森林: Chungking Express)』(1995) 속의 홍콩, 『우동(うどん: Udon)』(2016) 속의 다카마쓰를 기대하며 본 영화였지만 우리가 그렸던 마쓰야마는 없었다. 하지만 스쳐 지나가는 장면들 속에서도 멀

리 기차가 지나가는 풍경 뒤로 보이는 오즈성의 모습만큼 내 뇌리에 정확히 박혔다. 『스즈메의 문단속』에는 마쓰야마뿐만 아니라 일본 전역의 도시들이 등장한다. 특히 영화 속에 등장한 모습이 실제 장소를 거의 비슷하게 묘사하여 영화 배경지를 성지순례하는 마니아들도 꽤 있다고 한다. 얼떨결에 생긴 영화 배경지 성지순례라는 여행 콘셉트가 잠시 떨어진 여행의 흥을 올려 주었다.

생각해 보니 처음 다카마쓰라는 곳에 관심을 갖게 된 것도 '우동'이라는 일본 영화 때문이었다. 한창 일본 영화에 심취해 있었던 2008년쯤 '영화+음식'이라는 이 필승 조합이 20대 중반의 휘몰아치는 감정의 격동기를 겪고 있던 나에게 마음의 안정감을 주었다. 『카모메 식당(かもめ食堂: Kamome Diner)』(2007), 『해피 해피 브레드(Shiawase no pan)』(2012), 『빵과 스프, 고양이와 함께 하기 좋은 날(パンとスープとネコ日和)』(2013), 『심야식당(深夜食堂)』(2015)'과 같이 음식이 나오는 일본 영화는 이때쯤 유행한 '힐링 무비'라는 단어에 딱 맞아떨어졌다.

요즘은 합정동이나 상수동에 유명한 우동 가게들이 워낙 많지만 그 당시만 해도 '국물이 끝내주는 우동'밖에 모르던 시절이라서 국물이 없는 우동, 달걀 노른자에 비벼 먹는 우동, 차가운 우동 같은 건 정말 신선했다. 그리고 영화 속에 나온 800여 개가 넘는 우동집이 있는 도시가 실제로 존재하는 곳이라니! 언젠가는 한번 가 봐야지라고 막연히 생각만 했었는데 그곳에 정말 오게 되어 우리는 다카마쓰에서 총 6군데의 우동집을 훑어 주며 소기의 목적을 달성했다. 그리고 오늘은 영화 속 귀여운 고양이 '다이진'을 쫓아 문단속을 하러 갈 예정이다.

"어어어 이제 진짜 나올 거 같아!"

하필 그 타이밍에 한국에서 보이스톡이 왔다. 일과 관련된 중요한 전화여서 끊을 수가 없었다. 그렇게 오즈성 보기 1차 시도는 실패했다.

"우리 한 바퀴 돌아서 다시 볼 수 있어?"

환이는 굳이…라는 말의 ㄱ까지 목구멍으로 나온 듯했지만 내가 진심이라는 걸 눈치채고 기꺼이 2차 시도를 함께 주었다. 10분 정도 돌아가서 다시 그 길을 지났다. 도로 공사 중이라 시야가 좀 가려지긴 했지만 영화 속에서 1초 정도 나왔던 바로 그 장면을 보았다. 하지강으로 둘러싸인 언덕 위에 자리한 오즈성. 그리고 그 앞을 가로지르는 철길, 때마침 기차까지 지나가 주다니 기대 이상의 싱크로율이었다. 우리는, 아니 나는 멀리서 본 오즈성의 모습에 만족하지 않고 본격적인 오즈 탐방에 돌입하였다.
오즈는 마쓰야마에서 당일에 다녀올 수 있는 근교 여행지 중 한

　곳이다. 보통은 오즈-우치코-시모나다 이렇게 세 곳을 하루 일정으로 묶어서 다녀오는 경우가 많은데 렌트를 하지 않았다면 'JR 올 시코쿠 레일 패스'를 이용하여 세 도시를 합리적인 가격으로 이동할 수 있다. 우리는 시모나다에서 2박을 하는 동안 시모나다역과 오즈를 다녀오기로 했다. 우치코가 아닌 오즈를 선택한 데에는 확실히 영화의 영향이 컸다.

　일본을 한 번이라도 와 본 사람은 알겠지만 도시마다 성이 하나씩 꼭 있다. 그중에는 오사카성이나 나고야성처럼 관광지의 랜드마크 역할을 하는 성도 있지만 우리 둘 다 일본 여행을 하면서 둘 중

어느 누구도 성을 가 보자는 말을 먼저 꺼낸 적은 없었다. 그저 지나가는 길에 스치듯 본 게 전부였고 그마저도 주의를 기울여서 본 적은 없었던 것 같다. 하지만 오늘만큼은 성이 메인이다. 우리는 마치 회오리바람에 휩쓸려 마법의 마을 오즈에 도착한 사람들처럼 홀린 듯이 이 작은 마을 이곳저곳을 둘러보고 목적지인 오즈성에 올라가 계획했던 것보다 더 많은 시간을 보냈다. 마쓰야마공항에서 챙겨 온 한국인 전용 쿠폰북에 오즈성 무료 쿠폰이 있어 오늘 아침에 책상 위에 고이 올려 두었는데 둘 다 깜빡하고 챙겨 오지 않은 덕에 성 안에 들어가는 걸 깔끔하게 포기하고 성 밖에서 내려다보이는 경치와 밖에서 보이는 성의 모습을 더 여유롭게 감상하였다. 원래 성이 이렇게 좋은 데였나? 알았다면 그동안 성을 그냥 지나치지 않았을 텐데…라는 생각이 들었다. 오즈성 덕분에 앞으로 왠지 성덕(후)이 될 것 같은 예감이 들었다.

쉼표 쉼標

문장 부호의 하나이자, 악보에서 쉼을 나타내는 기호.

나는 센이고
너는 가오나시야

자람

17

"이거 설마 줄이야?"

시모다나는 바다에서 가장 가까운 기차역으로 일본에서도 손꼽히는 아름다운 역이다. 이 타이틀만으로도 관광객들이 모일 만한데 거기에 기가 막힌 일몰까지 더해져 선셋 타임인 네 시 반쯤 되면 여기저기 흩어져 있던 관광객들을 모두 이곳에서 만나게 된다. 시모나다역은 작은 대합실이 하나 있고 바다 쪽을 향해 설치한 벤치 두 개와 푯말이 전부인 간이역이다. 해가 지는 일몰의 시간에 벤치에 앉아서 바다를 바라보고 있으면 노란빛에서 주황빛으로 그리고 점점 붉게 변하는 바다색을 감상할 수 있다. 그리고 어느새 주변은 캄캄해져 있을 것이다. 하지만 두 개밖에 없는 벤치를 혼자 전세 내 붉게 물들어 가는 노을을 여유 있게 감상하고자 했다면 그건 욕심이다.

한 사람에게 주어진 시간은 약 1분 정도이다. 작은 간이역이라서 관광객들을 통솔하는 직원은 따로 없지만 모두가 약속이나 한 듯이 자연스레 줄을 지어 본인이 최고의 포토존에 설 순간을 기다린다. 그리고 자신의 차례가 되면 '앉았다, 일어났다, 뒤돌았다, 앞에 봤다' 네 가지 포즈를 순서대로 취한 후 다음 사람에게 명당을 내어준다. 이 네 가지 중에서도 바다를 바라보며 뒤돌아 앉아 있는 포즈를 가장 많이 취하는데 이건 『센과 치히로의 행방불명(The spiriting away of Sen and Chihiro)』(2002)이란 영화에 등장한 센과 가오나시의 모습을 오마주한 것이기도 하지만 앞에서 기다리고 있는 수많은 시선을 피하기에도 가장 적절한 포즈이기 때문일 것이다.

  인파가 몰린 것에 비해 그다지 어수선하지 않아 일몰을 감상하기에도 그리고 그 광경에 취하기에도 충분한 곳이다. 우리는 꽤 좋은 타이밍에 도착하여 시시각각 변화하는 바다색을 볼 수 있었고 운이 좋게도 지나가는 기차까지 만날 수 있었다. 해가 지는 시간, 이곳은 바닷가의 기차역이고 우리는 여행자이다. 인물, 시간, 배경 3박자가 낭만이라는 곡조를 타고 흘러간다. 이대로 멈췄으면 좋겠는데 흘러간다. 그래도 괜찮다고 말해 주며 흘러간다.

  눈부시게 푸르렀던 아침의 해안 도로와 다르게 해가 지고 난 뒤 밤의 바다는 무서울 만큼 캄캄하다. 아마 혼자 운전을 해서 이 도로를 달렸다면 어둠 속으로 빨려 들어가는 기분이었을 것이다. 이럴 때 옆에 누군가 함께 있다는 게 참 다행이란 생각이 든다. 혼(자)여(행)도 좋지만 둘이 하는 여행이 좋은 점은 역시 말동무가 있다는 것이다. 함께 있는 시간이 길다 보니 평소에는 그냥 지나칠 법한 것들도 대화 주제가 된다. 여행 10일차 오랜만에 환이가 속세에 두고 온 현실 대화를 꺼냈다.

"리플(코인)이 3배나 올랐네? 오늘 저녁은 맛있는 거 먹을까?"

투자, 주식, 부동산 이런 것들에 큰 관심은 없지만 우리도 이제 노후를 준비해야 하는 나이가 되었기 때문에 최근엔 부쩍 투자에 대한 이야기를 자주 한다. 아직 경제공동체는 아니지만 함께 여행을 다니다 보니 서로의 소비 성향을 자연스럽게 알게 되었다. 우리 둘 다 헛돈을 쓰는 타입은 아니지만 그렇다고 야무지게 돈 관리를 하는 타입도 아니다. 쉽게 말해 '돈을 모은다'는 개념이 '돈을 불린다'는 것보다 '돈을 안 쓴다'는 쪽에 더 가까운 단순한 경제관념의 소유자들이다.

그래도 남들이 하는 건 꼭 따라 해 보는 성격이라 하루에 한 번은 주식 앱이나 코인 앱을 의무적으로 열어 봤는데 여행 와서는 한 번도 세속적인 앱을 눌러 보지 않았다. 환이도 오랜만에 열어 본 업비트에서 희소식을 발견한 모양이다.

"그래 오늘 저녁은 고기 먹자!"

구글맵을 크게 당겨 가까운 식당을 찾았다. 후보가 많지 않아 평점과 리뷰로 대충 골랐는데 근본의 향기가 나는 일본식 돈가스 가게였다. 오래간만에 고기를 썰며 아까 나누던 코인 이야기를 이어 갔다. 내가 코인으로 한 달에 1,000만 원 버는 게 좋아? 그 돈에 1/5을 벌더라도 내가 좋아하는 일을 하면서 사는 게 좋아? 이 유치한 질문에 환이와 나 모두 후자를 골랐다.

'그냥 네가 소중하게 생각하는 걸 지키면서, 좋아하는 일을 하고 살았으면 좋겠어. 우리 돈을 좇으면서 살지 말자.'

모순이었다. 우리는 오늘 리플이 올랐다고 좋아하며 돈가스 가게에서 4,056엔이라는 거금을 썼다. 아마 이번 여행 중에 먹은 저녁값으로 가장 큰 지출이었을 것이다. 아무래도 답을 바꿔야겠다. 좋아하는 일을 하면서 먹고 싶은 걸 마음껏 사 먹을 수 있을 정도로 돈을 버는 거로!

집으로 돌아가는 길에 에히메현에서 가장 큰 아울렛이 근처에 있다는 걸 알게 되었다. 에어비앤비 호스트인 오모리 상이 자신의 자주색 도요타를 끌고 오전마다 어디를 가는 걸까 궁금했는데 알고 보니 이 작은 바닷가 마을은 쇼핑 핫 플레이스였구나! 배불리 고기를 먹었으니 아울렛 가서 쇼핑하고 아이스크림 하나 먹고 올까? 오늘은 플렉스 한번 해 볼까? 평소 같았으면 이렇게 쿵짝이 맞아 움직였을 테지만 이상하게 서둘러 돌아가고 싶은 마음뿐이었다. 오늘은 돌고래 집에서의 마지막 밤이니까. 오모리 상의 취향이 잔뜩 묻은 파란 하늘과 푸른 바다가 가득한 집으로 빨리 가고 싶었다. 누워서 천장을 가만히 보고 있으면 여기가 우주 속인지 바다 속인지 헷갈리는 동화 같은 집으로 가서 코인이니 주식이니 그런 거 생각하지 말고 우리가 지금 머무는 이 공간에서 행복을 만끽하고 싶었다.

갈등 葛藤

개인이나 집단 사이에 목표나 이해가 달라 서로 적대하거나 충돌함.
또는 그런 상태.

침묵의 대가를
치르게 해 주세요

환

18

"이거면 혼자 다닐 수 있지?"

마쓰야마 2일차 오전. 자람이가 1만 엔(약 10만 원)을 갑자기 건넨다. 반나절 정도는 각자 다녀 보자는 유쾌한 계획이 이런 식으로 진행될 줄은 몰랐다. 문제의 순간은 하루 전으로 거슬러 간다. 시모니다에서 마쓰야마로 이동하는 길이었다. 정확하게는 기억이 안 나지만 어떤 이야기를 하다가 서로 반대되는 의견을 말해 살짝 어색해진 상황이었다. 이때 자람이가 다른 의견을 냈다. '응'이나 '아니' 등으로 대답하면 됐다. 여기서 난 침묵했다. 이전 대화에서 생긴 약간의 불편함이 노코멘트로 이어졌다. 자람이는 대답을 안 하는 사람과는 대화하고 싶지 않다고 했다.

뭐라도 말해 볼까? 아니면 조용히 있을까? 고민만 하다가 분위기 반전 타이밍을 놓쳤다. 한참 뒤에 슬쩍 말을 걸었다. 혹시 아무렇지 않게 받아 주지 않을까 기대했다. 하지만 늦어도 너무 늦었다. 마쓰야마에서의 첫날, 우린 2m쯤 떨어져 걸었다. 마쓰야마를 관통하는 명물 트램도, 한적한 에히메현 미술관도, 조용한 도심 풍경도, 꼭 가야 한다는 도고온천도 내게는 와닿지 않았다.

우리는 다른 커플과 비교했을 때 자주 다투는 편이 아니다. 갈등의 포인트가 될 수 있는 술자리, 이성 친구, 늦은 귀가 등과는 거리가 먼 사람이라서다. 간혹 발생했던 싸움의 역사를 되돌아보면 결국 모든 다툼의 원인은 '태도'였다. 뭔가 마음에 들지 않으면 입을 닫는 내 습성이 큰 비중을 차지했다. '입꾹닫'이라는 말은 어쩌면 나를 위해 만들어졌을 수도 있다. 입을 닫아 버리는 이유는 복합적이다. 억울해서 말문이 막히는 것과 말해 봤자 이 상황이 바뀌지 않는다는 생각이 적당히 섞여 있다. 1~2년에 한 번씩 나오는 다툼이 시모나다에서 마쓰야마로 가는 도로 위에서 발생할 거라고는 상상하지 못했다. 다투고 난 뒤에는 별별 생각이 다 든다. 억울하다가 미안하다가 화나다가 차분하다가 차가워졌다가 뜨거워졌다가. 감정이 요동친다. 자람이도 비슷할 것이다. 너와 내가 아닌 우리를 찾기 위해 온 여행에서 이대로 남남이 되어 버리는 건가? 우리의 찬란한 마흔의 여행은 여기서 끝인 걸까? 우린 감정의 쓰나미 속에서 마쓰야마를 돌아다니고 있었다.

우린 1회차 만남에서는 다툰 적이 없다. 싸울 만큼 속 시원하게 터놓고 지내지 않기도 했고 싸우는 방법조차 몰랐던 것 같다. 우리의 관계보다 서로에게 보이는 이미지가 더 중요했던 시절이라 아이러니하게도 화 한 번 내지 않고 웃으며 헤어졌다. 쿨(Cool)과 칠(Chill) 가이가 따로 없던 시절이었다. 그렇게 서로에게 원하는 게 많지 않던 20대 초반이었다. 2회차 만남에서는 조금 달랐다. 먹고 놀기 바빴던 1회차 만남과는 다르게 서로에게 원하는 행동과 말이 있었던 것 같다. 그래서 자주는 아니었지만 크고 작은 충돌이 있었다. 맨 처음에는 싸우는 게 오히려 좋을지도 모른다고 생각했다. 싸웠다는 건 서로에게 바라는 게 있다는 뜻이니 마냥 긍정적으로 해석하기도 했다. 이때쯤이었을 것이다. 자람이는 10년간 헤어져 지낸 우리의 거리를 좁히기 위해 본인의 마음을 솔직하게 꺼내 놓기 시작했다. 그럴 때마다 나는 더 침묵했다. 내 마음을 말하지 않아도 자람이가 알아서 이해하길 바란 헛된 생각이 자리 잡고 있어서다. '말하지 않아도 알아요' 같은 건 초코파이 광고에서나 등장하는 문장인데, 나는 그게 사랑의 증거라고 착각했던 것 같다.

　노트북만 들고 무작정 마쓰야마 거리로 나왔다. 여행에 대한 의욕은 없었다. 마음이 편치 않을 땐 차라리 일을 하는 게 낫다 싶었다. 숙소에서 가까운 스타벅스보다는 조금 멀리 떨어진 곳을 선택했다. 날씨가 좋아 걷고 싶기도 했고 숙소와 최대한 멀어지는 게 뭔가 심리석으로 안성석이라고 판난했다. 30분쯤 걸어가 스타벅스 마쓰야마 미나토마치점에 자리를 잡았다. 이곳에서 4시간을 머물며 점심

 까지 해결했다. 오후엔 여행을 준비하며 검색해 둔 바닷가 역인 바이신지로 향했다. 마쓰야마 중심에서 기차로 20분 떨어진 곳이다. 나는 왠지 모르게 멀리만 가고 있었다.
 스타벅스에서는 출입구 근처에 앉아 오가는 사람들을 구경했다. 혹시나 자람이가 스타벅스로 들어오지 않을까 싶었다. 바이신지에서는 벤치에 앉아 들어오는 기차를 몇 대나 떠나보냈다. 자람이가 함께 찾아봤던 바이신지를 기억해서 이곳으로 오지 않을까 싶었다. 하지만 나에게 일본 청춘 영화에 나올 법한 운명 같은 재회는 일어

나지 않았다. 이것마저도 내가 있는 곳을 말하지 않아도 자람이가 알아주길 바라는 이기적인 마음이었을까?

해가 지고 나서 숙소에서 마주친 우리는 어색하게 인사를 했다. 반가움과 불편함이 동시에 느껴졌다. 자람이가 뭔가 주섬주섬 챙겨서 다시 나가려고 하여 뒤따라 나섰다. 저녁을 먹으러 가는 듯했다. 나는 발소리도 내지 않는 그림자처럼 자람이를 따라갔다. 도착한 곳은 지역 특산품인 도미 덮밥 식당이었다. 마쓰야마에서 꼭 가야 하는 곳으로 표시한 식당이었지만 입으로 들어가는지 코로 들어가는지도 모르게 먹어 맛은 기억나지 않는다. 입은 오물거리면서도 선뜻 첫마디가 나오지 않았다. 자람이는 또 입을 닫은 나를 답답하게 바라보며 말을 걸었다. 그리고 그 대화는 식당에서부터 편의점과 길거리 그리고 숙소까지 이어졌다.

돌이켜보면 2회차 만남 초반 자람이는 나를 가끔 '꽁치'라고 불렀다. 꽁해 있는 내 표정을 보고 한 말이다. 아마 '소인배'라고 부르고 싶었을 텐데 그걸 꽁치라고 귀엽게 표현해서 고마울 따름이다. 마쓰야마에서의 이틀도 꽁치스러움의 연장선상이었다. 이제는 내 뒤에 숨겨진 어둠의 터널을 빠져나올 때라고 생각했다. 다시는 입을 닫지 않겠다며 하루 하고도 반나절이 지나서야 뒤늦은 사과를 건넸다. 말이 하루 하고도 반나절이지 자람이 입장에선 11년 만이다. 이 상황을 수년간 반복하며 경험했던 자람이에게 미안해져서 눈시울을 붉히고 말았다.

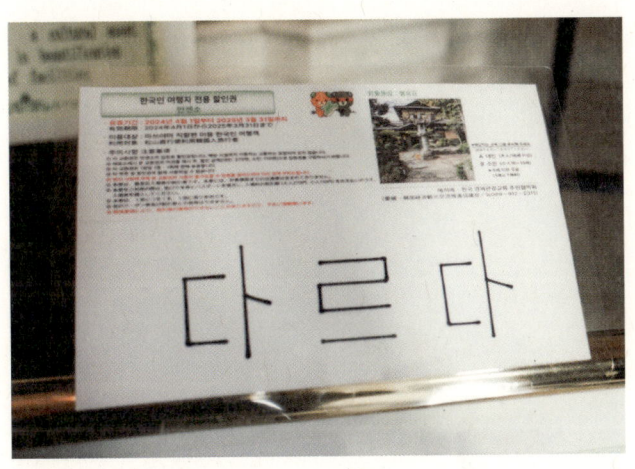

 다행히 자람이는 이 상황을 웃음으로 마무리할 수 있게 도와줬다. 우리의 화해 루틴이기도 하다. 싸웠을 때 일어난 재밌었던 일을 회상하면서 뒤늦은 웃음 파티를 한다. 침묵 속에 다녔던 1박 2일 안에서도 웃음 포인트는 있었다. 마쓰야마 첫날 '반스이소'에 가서 '반센소' 무료 입장권을 내밀며 들어가려고 했던 사건이다. 자람이는 "프리 쿠폰!"을 외치며 무료 입장을 시도했다. 이때 일본인 스태프가 강한 어조로 "NO 반.센.소! 반스이소."라고 말했던 순간. 우리는 둘 사이의 팽팽했던 긴장감을 깨트릴 수 없어 웃음을 참았다. (사실 살짝 웃음이 새어 나왔지만 서로 모른 척을 했다) 우린 그렇게 깔깔대며 다시 손을 맞잡았다.

우리에게도
고양이를 처방해 주세요

자람

19

꺽꺽 어린아이들처럼 울었다. 2024년 대한민국 나이로 39세 이제 곧 마흔인 남녀가 어깨를 들썩거리며 울었다. 누군가 우리를 뒤에서 봤다면 웃는 건가? 하고 착각할 정도로 눈물과 감정이 폭발한 순간을 연애 11년 만에 맞이했다. 마주하고 싶지 않은 모습이어서 꽁꽁 싸매 숨겨 놓았지만 언젠가는 같이 풀어야 하는 감정의 실타래였기 때문에 우리 둘의 손을 떠나 방바닥으로 떨어져 데구르르 굴러가는 걸 잡지 않고 그냥 풀어주었다.

"소중한 사람에게 화가 나 있을 때는 화가 나지 않은 척하지 마라. 괴롭지 않은 척하지 마라. 내가 화나 있고 괴롭다는 사실을 털어놓아라. 단, 차분하고 사랑이 깃든 말투로 하라."

틱낫한*

*틱낫한 Thích Nhất Hạnh(1926.10.11. ~ 2022.1.22.), 베트남의 불교 지도자이자, 평화운동가.

결혼보다 시코쿠

최대한 차분하게 말하려고 했지만 사랑이 깃든 말투는 아니었다. 사랑을 빼 버린 차분한 말투는 싸늘함이겠지. 어제의 어긋남 이후에 숙소로 들어와 저녁을 먹고 각자의 자리에 누워 잠이 들 때까지 서로의 감정을 털어놓고 바로잡을 기회가 있었지만 나 역시 굳이 화해의 물꼬를 먼저 트고 싶지는 않았다. 환이의 침묵에 차분함으로 대응했다. 먼저 알아차려 주길 바라는 그의 눈짓과 몸짓을 애서 외면했다.

마쓰야마 이틀 차 아침, 원래 계획대로라면 오늘은 마쓰야마에서 필수 일정을 소화하는 날이다. 마쓰야마성에서 로프 타기, 천수각 올라가기, 도고온천에서 온천 하기 이 세 가지는 꼭 해야 하는데…. 아침을 먹으며 머릿속으로 혼자 이런저런 계획을 세웠다. 환이도 오늘 분위기 반전을 위한 나름의 계획을 세우고 있었겠지만 인생은 타이밍 아니겠는가? 그렇게 오전 준비 시간이 지나 버렸다. 겉옷을 입고 가방을 메고 전신거울 앞에서 외모 체크까지 마친 후 환이에게 1만 엔을 건네며 말했다.

"오늘은 각자 다니자."

가방을 주섬주섬 들고 따라 나오려던 환이는 전혀 예상하지 못했다는 표정을 지었다. 하지만 내가 떠보는 말 따위는 하지 않는다는 걸 그도 잘 알 것이다. 환이는 "같이 가려고 했는데… 어쩌고… 저

쩌고…" 말끝을 흐리며 중얼거렸다. 오히려 잘 안 들리는 편이 나았다. 문제 제기는 끝났고 이제 해결을 원한다면 목마른 사람이 우물을 파면 된다. 삽까지 쥐여 줄 수는 없다. 나는 일단 엎질러진 물 위를 닦지 않고 그냥 지나가기로 결정했다.

　마쓰야마의 주 교통수단은 트램이다. 기본료가 230엔인데 왕복이면 460엔이니 싼 편은 아니어서 오늘 하루는 렌털 요금 300엔으로 24시간 동안 마쓰야마 주변 어디든지 갈 수 있는 자전거를 빌렸다. 그리고 가장 먼저 에히메 미술관으로 향했다. 11월은 에히메 미술관의 상설 전시가 모두 종료된 기간이라 1층의 도서관만 이용하려고 했는데 오늘은 아예 휴관일이었다. 휴관일이지만 공원 곳곳에는 축제 준비로 분주한 사람들의 모습이 눈에 띄었다. 주말에 미술관이 자리한 시로야마공원에서 큰 축제가 열린다는 건 어제 만난 무라카미 상에게서 들어 이미 알고 있었지만 이 많은 인파 속에서 나만 목적을 잃은 사람처럼 보였다.

어제 마트에서 우연히 만난 무라카미 상은 마쓰야마 시청 관광과에서 근무하는 공무원이다. 그는 내가 혼자 파파고 앱으로 사진을 찍으며 제품에 쓰여 있는 일본어를 번역하고 있는 모습을 보고 조심스럽게 말을 걸어왔다. 오래되었지만 낡아 보이지는 않은 양복 차림에 검은색 직사각형 서류 가방을 들고 있는 모습이 왠지 신뢰감을 주어 경계심을 풀었다. 그는 나에게 마쓰야마 여행과 여행자들의 소비 패턴에 대한 몇 가지 질문을 하였다.

"백화점 1층에는 관광객들이 살 만한 품질이 좋은 상품들이 더 많은 할인율이 적용되어 판매 중인데 지하 마트에서 물건을 고르는 이유가 무엇인가요?"
"4,000엔짜리 제품을 30% 할인받는 것과 2,000엔짜리 제품을 10% 할인받는 것 중에 무엇이 더 좋은가요?"

대충 이런 질문이었다. 생각보다 난이도가 있는 질문에 어리둥절했지만 인터뷰에 응하는 자세로 진지하게 임했다. 알고 보니 그는 시청 직원으로서 시의 관광 마케팅을 위한 리서치 중이었다. 다행히 여행 막판 혼자인 틈에 찾아온 새로운 로맨스나 은밀하게 다가온 검은 유혹 같은 건 아니었다.

마쓰야마에서 지낸 이틀 동안, 다카마쓰에서 열흘을 보내며 마주쳤던 한국인들보다 더 많은 한국인 단체를 만났다. 여기에는 제주항공 프로모션과 한국인 무료 쿠폰이 큰 영향을 미쳤을 것이다. 시청 공무원이 직접 현장을 돌아다니며 한국인 관광객의 의견을 듣는 걸 보면 이런 노력이 이 작은 소도시를 뜨는 관광지로 만든 게 아닌가 싶다.

무라카미 상과 헤어지며 할인쿠폰을 많이 만들어 준다면 앞으로 더 많은 한국인들이 마쓰야마를 방문할 것이라고 덧붙였다. 그 역시 주말에 하는 축제에 올 수 있다면 꼭 와서 연락을 하라고 말했다. 각자 본분에 충실한 매우 영양가 있는 대화였다. 하지만 주말엔 이미 한국행 비행기를 탄 후일 테니 오늘 축제 준비 현장을 둘러보는 길로 그 약속을 대신했다.

'계획이 틀어졌는데 이제 어디를 갈까?'

옆에 상의할 사람이 없으니 속으로만 생각했다. 도쿄에는 서울에 없는 힙하고 멋진 카페들이 많다. 블루보틀, 랄프스 커피, 카페 푸글렌 등 세계적으로 유명한 카페 프랜차이즈들도 서울보다 도쿄에 1,

2년 먼저 생겼다. 하지만 다카마쓰, 마쓰야마와 같은 소도시에서는 에스프레소 머신이 있는 카페를 찾기 힘들고, 대부분의 로컬 카페에서는 드립 커피를 판매한다. 이런 마쓰야마에서 카페인의 갈증을 해결해 줄 카페를 찾았다. 오래간만에 에스프레소 머신에서 찐하게 뽑아 주는 크레마 가득한 아메리카노를 마시니 살 것 같았다. 원두 향기로 가득한 10평도 안 되는 작은 카페에 단골손님들이 끊임없이 찾아왔다. 혼여(혼자 여행)족은 카페 한편에서 챙겨 온 책을 꺼냈다.

책 제목은 『고양이를 처방해 드립니다』*. 교토 출신의 작가가 쓴 책인데 제목 그대로 인생의 크고 작은 문제를 겪고 있는 사람들에게 고양이를 처방해 주는 내용이다. 환이와 나에게는 어떤 고양이 처방이 필요할까? 침묵의 대가로 말없이 혼여 중인 우리에게는 수다쟁이 대화 냥이가 처방되어야 할 것 같다. 환이는 오늘 한 마디라도 했을까?

자전거로 달리기에 해 질 무렵의 마쓰야마는 제법 쌀쌀하다. 우리가 다카마쓰에 도착했을 때만 해도 20도였는데 저녁 기온은 이미 9도까지 떨어졌다. 한국은 벌써 영하권이라고 하는데 돌아갈 날이 다가오니 여행 안의 작은 변화도 크게 느껴진다. 뜨끈한 온천에 몸을 담그며 다시 열을 끌어올렸다. 점심도 안 먹었는데 별로 힘들지 않네? 생각해 보니 오늘 나도 말을 안 해서 (혼잣말 제외) 에너지가 남았나 보다.

*『고양이를 처방해 드립니다』, 이시다 쇼, 다산책방(2024).

'아! 혼여는 이런 거구나.'

현관 앞에 서서 열쇠를 돌리는 순간 이제는 피할 수 없는 순간이라는 게 실감났다. 아쉽게도 시간이 해결해 주는 문제는 아니었다. 감정이 사그라들었다고 해서 그냥 지나쳐도 되는 건 아니라는 걸, 여러 해를 겪으며 깨달았다. 침묵하며 상대가 알아주길 바라는 건 욕심이라는 걸 환이도 알기를 바랐다.

"금방 뜯겨 버릴 포장으로 숨기려 하지 말고 서운한 건 스스로 꺼내 버리고 좋은 건 네가 직접 보여 줘. 상대가 버려 주고 꺼내 주길 바라지 말고. 그건 네 감정이니까."

귤 맥주 반 캔에 얼굴이 벌겋게 달아오른 환이의 얼굴을 바라보며 말했다.

우리는 서로를 위해 끊임없이 변할 수 있고 서로가 원하는 모습으로 더욱 아름다워질 수 있는 존재들이다. 그 가능성을 '넌 어차피…', '넌 여전히…'라는 말로 막지 말자. 오해와 편견을 쌓지 말고 서로에 대한 믿음과 존중만 차곡차곡 쌓자. 그렇게 서로의 이상에 점점 가까워지는 우리를 사랑하자. 오늘 우리는 그렇게 서로를 처방해 수었다. 엎질러진 물 대신 눈물로 각자에게 처방된 약을 삼키며 또 한 번 갈등에 대처하는 면역력을 길렀다.

마쓰야마에서 절반은 본의 아니게 각자 보냈고 이제 절반이 남았다. 사실 어제 마쓰야마성에 올라가는 로프도 혼자 탔고 천수각도 혼자 올라갔고 도고온천까지 혼자 다녀왔지만 환이를 위해 오늘 나는 같은 걸 두 번 하기로 했다.

혼자 하면 두 배가 되는 것: 배경사진
절반이 되는 것: 배터리
같이 하면 두 배가 되는 것: 내 사진
절반이 되는 것: 경비

한 번은 혼자, 또 한 번은 함께했다. 같은 것이었지만 느낌은 전혀 달랐다. 확실한 건 지금 내가 느낀 것을 공유할 사람이 없다는 것은 혼여의 아주 큰 단점이라는 것이다. 나는 어제의 그 아쉬움까지 더해 오늘은 신나게 환이에게 마쓰야마성에 대한 TMI를 잔뜩 늘어놓았다.

마쓰야마성은 가쓰산 정상에 위치해 있어 로프웨이나 리프트를 타고 올라가야 한다. 한국인을 위한 무료 쿠폰북에는 둘 중에 하나를 이용할 수 있는 탑승권이 포함되어 있는데, 대부분 더 재미있어 보이는 1인 로프를 선택해 마쓰야마성에 올라간다. 어제는 로프를 타고 가며 셀카를 찍었는데 뒤에 있는 일본 남자가 계속 사진에 걸렸다. 그런데 오늘은 처음 타 보는 1인 로프에 잔뜩 들뜬 한국 남자

혼자 여행 / 둘이 여행

가 사진에 걸린다. 그 남자는 어제와 다르게 뒤를 돌아보는 나를 열심히 찍어 준다.

마쓰야마성의 하이라이트는 천수각이다. 일본에 단 12개만 남아 있는 원형 천수각 중에 하나여서 꼭 올라가 보는 것을 추천한다. 나는 어제 이미 천수각 입장 할인권을 사용하였기 때문에 천수각은 환이 혼자 올라갔다.

"천수각 올라가서 동서남북으로 다르게 펼쳐진 마쓰야마 시

내를 꼭 모두 봐! 대충 한 방향만 보면 안 돼! 그리고 꼭대기까지 올라가는 계단에서 천장에 머리를 부딪히지 않도록 조심해."

올라가기 전에 몇 가지 훈수를 두었다. 나는 확실히 말이 필요한 사람이라 혼자보다는 둘이 좋다.

제자리

본래 있던 자리. 또는 마땅히 있어야 할 자리.

이 성을 내려가면
내 편이 기다리고 있다

환

20

치이이이이익. 프라이팬 위에서 몸을 녹이고 있는 버터로부터 나는 소리가 유독 경쾌하게 들리는 아침이다. 그 위로 식빵 하나가 올라가니 진한 버터 향이 방 안에 퍼진다. 버터로 샤워한 식빵 위에 반숙 달걀 프라이를 올린다. 이만한 아침이 또 없다. 자람표 드립백 커피까지 완성되자 늘 하던 여행 루틴대로 영상을 남겼다. 우리는 대단하진 않은 소소한 이야기로 아침 식사를 채워 나갔다. 전날의 냉랭했던 아침 식사에는 온기가 없었다. 사진도 남기지 않아서 뭘 먹었는지 기억도 나지 않았다. 서로의 눈을 쳐다보지도 않고 식사를 마친 후 대충 설거지를 하고 각자 갈 길을 가 버렸으니 그럴 만도 하다. 하루 만에 되찾은 우리의 평온한 아침에 감사하며 하루를 시작했다.

오늘은 여행을 온전히 즐길 수 있는 마지막 날이다. 그런데 나와 자람이의 여행 진도 차이가 너무 컸다. 어제의 나는 카페에서 시간을 보냈고, 자람이는 마쓰야마의 핵심 스폿을 모두 찍었다. 자람이는 기꺼이 여행 복습자의 길을 선택했다. 24시간 만에 다시 마쓰야마성으로 향하는 로프에 올랐다. 2장의 무료 쿠폰 중 1장은 이미 써 버려 1인 추가금을 내는 건 어쩔 수 없는 다툼의 흔적이었다. 나는 앞에 있는 로프에 타서 뒤에서 올라오는 자람이를 사진으로 담았다. 마쓰야마성을 올라가는 모습을 찍어 줄 사람이 없어 로프에 대롱대롱 매달린 본인 발만 찍어 놓은 어제 사진을 봤기에 더 열심히 카메라를 눌러 댔다.

마쓰야마성 천수각은 혼자 올라가기로 했다. 30분 동안의 혼여다. 어제의 혼여와는 확실히 기분이 다르다. 천수각에서 내려다본 마쓰야마 시내의 멋진 풍경을 그 즉시 공유할 순 없었지만 이곳을 내려갔을 때 내 이야기를 들어 줄 사람이 기다리고 있다는 것만으로도 외롭지 않았다. 자람이가 미리 일러 둔 '천수각 즐기는 법'을 잘 기억하며 짧은 혼여를 마쳤다. 마쓰야마성 매점 앞에 앉아 있던 자람이는 나를 보자마자 소감을 물었다. 천수각이 어쩌고 저쩌고… 무슨 내용인지는 기억나지 않지만 봄날 같던 햇볕 아래 나눴던 대화의 느낌은 여전히 선명한 수채화 그림처럼 남아 있다.

자람이는 여행 도중 하나에 꽂히면 직진하는 타입이다. 다카마쓰 쇼도시마에서 올리브가 그랬다. 올리브나무 아래서 사진을 몇 장이나 찍었는지 모르겠다. 올리브의 어떤 점이 그렇게 끌렸는지 모르겠지만 무엇을 봐도 무덤덤한 나와는 다르다는 게 오히려 마음에 들었다. 우리의 여행 텐션을 끌어올려 주니까. 10년 전쯤엔 제주도에서 현무암의 매력에 빠졌었다. 예쁘게 생긴 현무암을 가는 곳마다 찾고 다녔다. 집에 현무암을 놔두고 싶다고 했으나 육지 반출이 불법이라는 걸 알려 주자 그저 만져 보는 걸로 위안을 삼는 듯했다. 쇼도시마에서는 땅에 떨어진 올리브 몇 개를 주워 호주머니에 넣었는데 그것들의 행방은 지금도 잘 모르겠다.

마쓰야마에서는 우연히 들어간 기념품 숍에서 알게 된 지역 특산품 '이마바리 수건'에 마음을 내줬다. 정확하게 마쓰야마시는 아니고 그 옆 도시인 이마바리시에서 만든 명품 수건이다. 1894년에 시작돼 120년 역사를 가지고 있는 수건으로 고급 호텔이나 비싼 료칸에서나 볼 수 있다. 오가닉(Organic, 유기농) 수건이라고 부르는 건 그 기준인 3년 이상 화학 물질을 사용하지 않은 농지에서 재배된 면화를 통해서만 만들기 때문이다. 크기에 따라 가격이 다르지만 1개당 평균 1,000~2,000엔(대략 1만 원~2만 원) 사이로 비싼 편이다. 대형 수건은 5,000엔이라고 하니 쉽게 살 만한 가격이 아닌 건 분명하다. 자람이는 틈틈이 이마바리 수건을 파는 가게에 들러 크기, 가격, 질감, 색감 등을 비교해 가며 매우 신중하게 고민했다.

"하나 살래?"

　이마바리 수건을 한참 살펴보다 멀뚱멀뚱 서 있는 내게 구매를 권했다. 이마바리 수건 삼매경에 함께 빠져 보자는 의미인 것 같았다. 뒤늦게 만져 보니 확실히 부드럽고 고급스러웠다. 지인 선물이면 몰라도 1장 사서 집에 놔둔다는 게 의미가 있을지 고민됐다. 사악한 가격을 보면서 '한국인이면 송월타월이지.'라는 생각도 들어 선뜻 결정하지 못했다. 마침 우리가 예약한 숙소(에어비앤비)에 이마바리 수건이 비치돼 있었다. 자람이는 호스트가 센스 있다며 칭찬을 아끼지 않았다. 우리는 숙소에 있는 이마바리 수건을 챙겨 도고온천으로 갔다. 온천에서 1개당 300엔이면 이마바리 수건을 대여할 수

있지만 알뜰한 자람이가 그럴 일은 없었다. 이마바리 수건을 도고온천에서 써 보며 최종 구입 여부를 고민하기로 했다.

　자람이는 씻고 나온 이후 도고온천 야경을 제안했다. 언덕 위에서 온천을 내려다보는 뷰가 낮보다는 밤이 훨씬 더 아름답기 때문에 시간상 딱 좋다고 했다. 특히 해가 질 때쯤 언덕에 올라가면 고즈넉한 도고온천 기와지붕 사이사이로 붉은 등이 하나씩 밝혀지며 완전히 다른 모습으로 탈바꿈한다. 3,000년이나 된 도고온천의 레트로한 분위기를 한눈에 느낄 수 있는 기회다. 여기에 유카타를 입고 온천을 방문한 일본인 관광객들까지 풍경에 참여하면 애니메이션 『센과 치히로의 행방불명』(2002)의 모티브라는 이야기가 거짓이 아님을 알게 된다. (공식적으로 밝힌 바는 없다.) 하지만 나는 도고온천 야경을 거절했다. 자람이가 나를 위해 저녁까지 여행을 복습하고 있었기 때문에 야경에 대한 설명만으로도 만족감을 느꼈다.

"야경 대신 이마바리 수건 사러 가자! 나도 사 볼까?"

자람이의 의욕이 다시 불타기 시작했다.

에필로그 Epilogue

연극, 책, 영화 따위의 결말부

시코쿠
그 이후

자람

    시코쿠 여행을 마치고 돌아온 지 3일째 되는 날, 대한민국에는 2024년의 첫눈이자, 117년 만에 11월에 내린 기록적인 폭설이 찾아왔다. 가을이 끝이 났고 우리는 함께하는 11번째 겨울을 맞이했다. 그렇게 계절이 바뀌었다. 우리 둘 사이에는 무엇이 바뀌었을까?

    의도한 건 아니지만 우리는 장기 여행을 하고 돌아오면 한동안은 각자의 생활에 집중한다. 밀린 업무와 쌓인 집안일 때문이기도 하지만 여행 중에 흩어진 일상의 조각들을 다시 맞추는 데 시간이 좀 필요한 까닭이기도 하다. 시코쿠에서 돌아온 후 일주일 만에 환이를 다시 만났다. 여행을 하는 동안 함께한 시간의 절반 만큼 각자의 날들을 보낸 후였다.

    "왜 오랜만에 본 것 같지?"

"그러게?"

여행을 하는 동안 시코쿠의 풍경과 그곳의 사람들, 바람의 냄새와 공기의 온도까지 모든 것이 우리를 향해 있었다. 무엇보다 우리는 여행지에서 스친 수많은 사람의 표정을 읽을 필요가 없었다. 단 한 사람의 마음만 읽으면 되었기에 오히려 뭉툭하던 감정들이 선명해지는 기분이 들었다. 하지만 오랜만에 만난 우리는 시코쿠에서 2주 동안 서로에게 오롯이 기울였던 사랑의 작대기를 허공으로 날려 버리는 듯한 허무한 대화로 우리의 일상을 시작했다. 마치 2박 3일 수련회의 마지막 밤 촛불 의식에서 부모님을 생각하며 눈물 콧물 다 쏟아 내고도 다음 날 집으로 돌아와 엄마를 보는 순간 다시 무뚝뚝한 딸로 회귀되어 버리는 것처럼, 우린 다시 연애 11년 차 김환-김자람으로 돌아왔다. 그 순간 우리는 "보고 싶었어!", "매일 보다가 안 보니까 이상하더라." 이런 말들을 해야 했을까? 우리는 여전했고 여행은 우리를 완전히 바꾸지 못했지만 이제 연애 이상의 '뭔가'로 나아가야 할 타이밍이라는 것만큼은 외면할 수 없었다.

나는 큰 변화를 기대했던 걸까? 여행은 끝났지만 아직 답을 찾지 못한 것 같아 답답한 마음이 들었다. 김영하 작가는 에세이 『여행의 이유』(복복서가, 2024)에서 여행담은 추구의 플롯을 따른다고 말했다. 간절히 원하는 것을 찾아 떠나는 이 플롯은 결말에 이르러 자신이 예상했던 것과는 전혀 다른 것을 얻는 깨달음으로 마무리된다고 했다. 우리는 이번 여행을 통해 어떤 깨달음에 도달했을까. 여행이 끝난 지금 우리만의 '뭔가'는 좀 더 선명해졌을까? 여전히 물음표로 가득했다. 우리는 시코쿠가 아닌 한국에서 여행을 이어 가기로 했다. 4개월간 매주 만나 여행을 회고하며 글을 썼고 서로가 쓴 글을 읽으며 그때 서로의 감정을 돌이켜 이해했다. 이 과정은 여행의 연장선이었다. 보일 듯 말 듯 한 우리만의 방식을 찾기 위해 떠났던 여행, 그리고 그것을 글로 풀어내며 의미를 부여하는 과정에서 나는 예상치 못한 깨달음을 얻었다.

여행을 마치고 6개월이 지난 2025년 봄.
그사이 우리는 '조카 부자'가 되었다. 내 사진첩에는 이제 막 백일을 지난 꼬물이 조카의 영상이 저장되었고, 환이는 8년간 사진으로만 봐 오던 쌍둥이 조카들과 주말마다 열심히 공을 차며 '축구 삼촌'이라는 별명을 얻었다. 며칠 전 환이가 동네 마트에서 우연히 우리 엄마와 마주쳤는데 그 후로 마트만 가면 괜히 엄마와 비슷한 단발머리의 60대 아주머니들을 자꾸 두리번거리며 찾게 된다고 한다. 우리는 긴 시간 동안 우리 사이에 놓여 있던 벽을 하나씩 허물며 새롭게 우리만의 성을 쌓아 가고 있다. 애써 답을 찾으려 하지 않아도 함께하며 답을 자연스럽게 만들어 갈 수 있다는 걸 알게 되었다. 그리고 진짜 시코쿠 여행을 마무리한 기념으로 치앙마이행 티켓을 끊었다. 어제는 환이가 "이제 여행 계획을 슬슬 세워야 하지 않을까?"라는 말로 나를 은근히 독촉했다. 순서상 내가 먼저 여행의 구체적인 목적지를 정해야 환이가 그것들을 잇는 동선을 짤 수 있기 때문이다. 우선 '환이랑 여행' 구글 시트에 '2025 치앙마이' 탭을 추가하는 것으로 여행 준비에 시동을 걸었다.

부록 付祿

본문 끝에 덧붙이는 기록.

부록: 13박 14일 여행 경비

1. 항공료

인천 ✈ 다카마쓰 (에어서울) 2인 287,400원

마쓰야마 ✈ 인천 (제주항공) 2인 332,000원

총 619,400원

2. 숙박비 (총 13박)

에어비앤비 (집 전체 렌트) 5곳

료칸 (석식과 조식을 포함) 1곳

총 1,753,275원 (평균 2인 기준 135,000원)

3. 식비

16번의 식사(카페 포함)에서 외식비, 마트, 편의점 등

입에 들어가는 모든 것에 쓴 비용

총 743,228원

4. 현지 교통비

주유비, 주차비 포함 총 7가지의 교통수단을 이용하는 데 쓴 비용

(렌트카, JR기차, 공항리무진버스, 페리, 고토덴;노면열차, 트램, 자전거)

총 529,356원

5. 입장료 및 기타 관광비로 쓴 비용

총 153,822원

2인 총 비용

3,799,081원

*엔화는 100엔 930원 기준으로 계산.
*이 외에 쇼핑과 선물 등 개인적인 지출 약간 있음.
*한국에서 미리 예약한 것 제외하고 트래블월렛과 트래블로그카드 사용하였고 현금 100만 원 엔화로 환전하여 사용하였음.

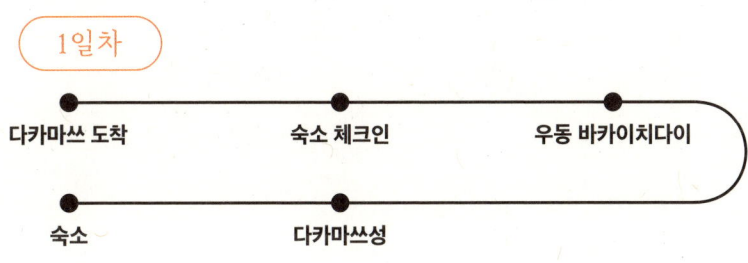

부록:
시코쿠 여행일정

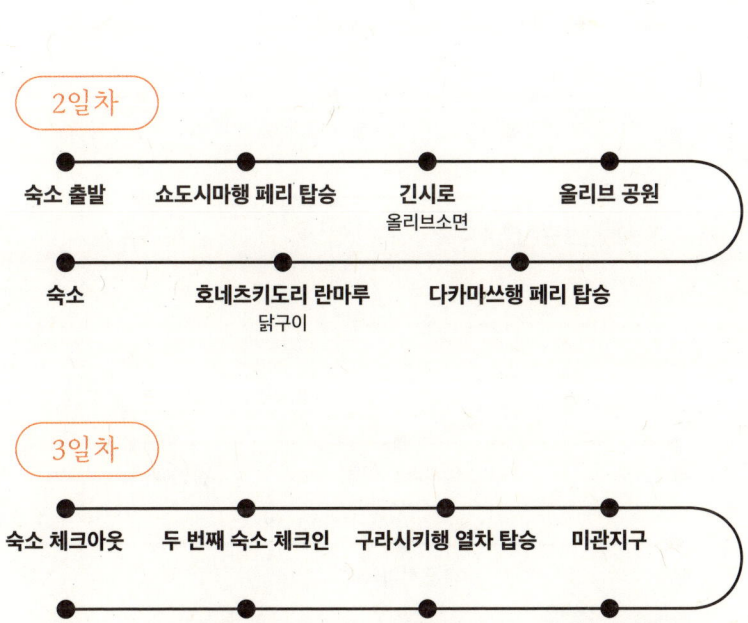

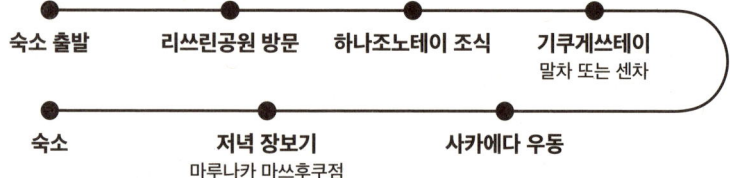

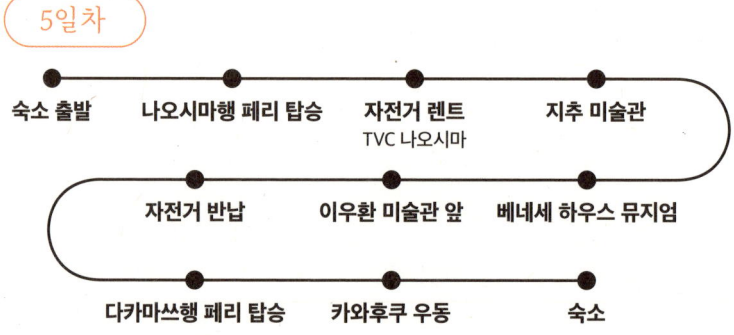

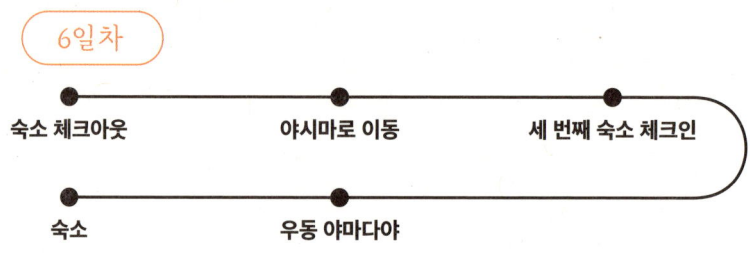

7일차

- 숙소 출발
- 자이고 우동 혼케 와라야
- 야시마섬 전망대
- 숙소
- 저녁 장보기
  마루나카 야쿠리점
- 맥도날드

8일차

- 숙소 체크아웃
- 고토히라행 열차 탑승
- 네 번째 숙소 체크인
  코토산가쿠
- 곤피라 우동 산도점
- 숙소
- 가이세키 저녁 식사
- 온천 방문
- 고토히라궁 등반

9일차

- 료칸 조식
- 숙소 체크아웃
- 마쓰야마행 열차 탑승
- 마쓰야마공항에서 차량 렌트
- 숙소
- 키친 이치니치
  숙소 호스트 추천 서양 음식점
- 다섯 번째 숙소 체크인
- 시모나다 이동

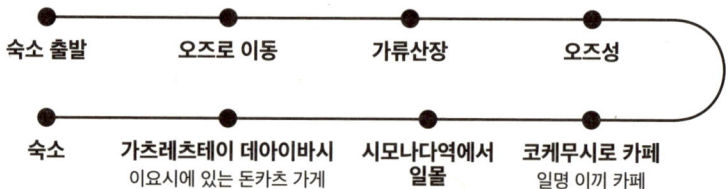

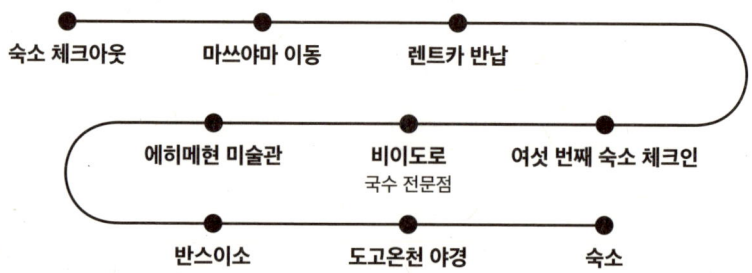

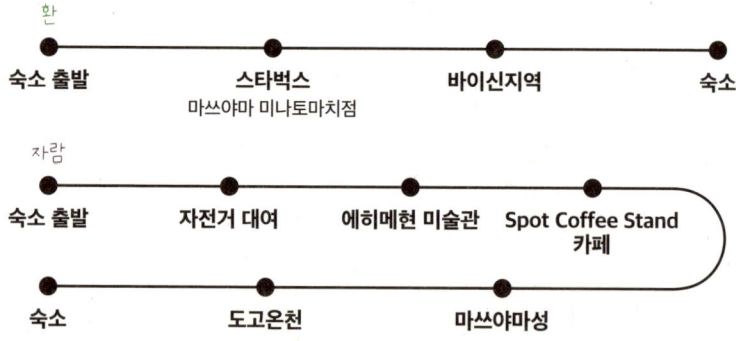

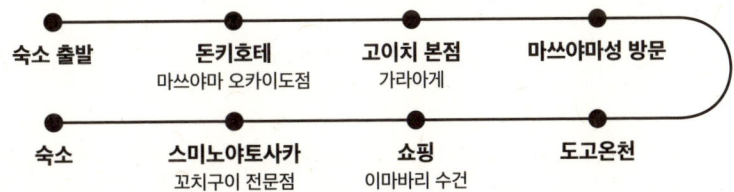

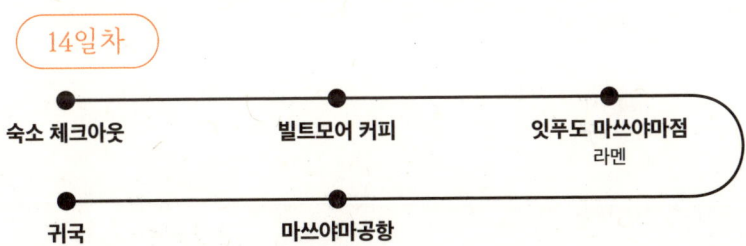

결혼보다 시코쿠

초판 1쇄 펴낸 날 | 2025년 5월 9일

지은이 | 김환, 김자람
펴낸이 | 홍정우
펴낸곳 | 브레인스토어

책임편집 | 김다니엘
편집진행 | 홍주미, 이은수, 박혜림
디자인 | 이예슬
마케팅 | 방경희

주소 | (03908) 서울시 마포구 월드컵북로 375, DMC이안상암1단지 2303호
전화 | (02)3275-2915~7
팩스 | (02)3275-2918
이메일 | brainstore@publishing.by-works.com
블로그 | https://blog.naver.com/brain_store
인스타그램 | https://instagram.com/brainstore_publishing

등록 | 2007년 11월 30일(제313-2007-000238호)

© 브레인스토어, 김환, 김자람, 2025
ISBN 979-11-6978-053-7 (03980)

* 이 책은 저작권법에 따라 보호받는 저작물이므로 무단전재와 무단복제를 금하며, 이 책 내용의 전부 또는 일부를 이용하려면 반드시 저작권자와 브레인스토어의 서면 동의를 받아야 합니다.